코로나 이후
학교의 미래

일러두기

이 책은 교육실천이음연구소의 연구원으로 활동 중인 7명의 현직 초등교사 및 교육학자가 인터뷰 형식으로 토론한 내용을 정리하여 담은 것입니다.

코로나 이후
학교의 미래

김재현 김종훈 류창기 배동건 송칠섭 이상수 정휘범 지음

오브바이포
Of By For

여는 글

코로나19라는 혼돈에 빠진
2020년을 돌아보고자 합니다

 2003년 사스가 발병했을 때 중국만의 일이라 생각했습니다. 국내에 전파되기 전에 종식돼 학교와는 무관한 일처럼 보였고, 이내 머릿속에서 사라졌습니다. 시간이 흘러 2012년 메르스가 나타났고 우리나라에서는 3년 후인 2015년에 발견되었습니다. 중동호흡기증후군으로 불렸던 메르스는 사스와는 달리 학교에도 영향을 미쳤습니다. 매일 아침 학교 정문에서 발열 체크를 하며 교실 방역에 만전을 기했습니다. 전염병이 학교를 위협할 수 있다는 것을 그때 처음 깨달았습니다. 하지만 메르스가 잦아들고 일상을 되찾으면서 전염병의 위협과 두려움은 서서히 기억에서 잊혀졌습니다.

 2019년 12월, 중국발 신형감염병이 외신을 통해 알려졌을 때만 해도 코로나19가 미칠 파장을 전혀 알아차리지 못했습니다. 그러나 새해가 되어 중국 우한에서 난리가 났을 때 불안한 마음이 생겼습니다. 위험 수준이 메르스를 넘어서지 않겠지만 '이전과 같은 수준의 방역이 이루어지겠구나'라고 생각했습니다. 그런데 대구에서 확진자가 기하급수적으로 증가하는 것을 보면서 정상적으로 개학을 할수 있을지 염려가 되었습니다.

교육실천이음연구소의 교사들은 그동안 해온 연구를 잠시 중단하였습니다. 코로나19의 대응에 집중하기 위해서였습니다. "등교가 늦어지고 있는데 앞으로 어떻게 될까? 천재지변이면 수업 일수의 10분의 1을 감축할 수 있으니 한두 주 더 기다려봐야 할 듯한데…. 언제까지 개학을 연기할 수는 없을 텐데…." 하는 이야기가 오가는 가운데 온라인 개학에 대한 소식이 들려왔습니다.

처음에는 늘 해오던 등교수업(오프라인 수업)과 비슷한 수업을 준비할 생각이었습니다. 어떻게 하면 온라인 수업에서도 오프라인 때와 같은 형태로 수업을 진행할 것인지 고민했습니다. 하지만 수업의 '장'이 달라지면서 생각보다 많은 것을 바꿔나가야 했습니다. 가르칠 내용을 그대로 두고 방법만 바꾼다고 될 일이 아니었습니다. 마치 처음 교사로 발령을 받았을 때로 돌아간 막막한 느낌마저 들었습니다. 이때부터 온라인 상황에 맞는 방법을 찾아가면서 각자 개발한 자료를 공유해보자는 마음이 연구소의 교사들 사이에 생겨났습니다. 2주라는 짧은 기간 동안 교사들끼리 온라인 회의를 통해 몇 권의 책도 만들었습니다. 연구소의 교사들이 위기 상황에서 즉각적인 대응이 가능했던 까닭은 코로나19가 기승을 부리기 전부터 온라인을 통해 공동 작업을 해왔기 때문입니다.

팬데믹이 장기화됨에 따라 학교 현장의 목소리를 내야 한다는 생각이 들었습니다. 갑작스럽게 학교의 역할을 넘겨받은 가정과 컴퓨터 화면으로 선생님과 친구들을 만나야 했던 아이들, 학교에 입학했지만 교실에 가본 적이 없는 1학년 학생과 그 학부모들의 이야기를 대변하는 목소리가 필요했습니다. 달라진 교육 환경에 버거워하는 교사들부터 온라인 교육 환경을 수월하게 받아드리는 교사들까지, 온라인 수업을 끌어가야 했던 교사들의 목소리도 들을 필요가 있었습니다. 팬데믹 상황에서 교육과정 및 교육정책 전문가의 이야기도 필요하다는 생각이 들었습니다. 학교 안팎에서 들려오는 불협화음 속에서 우리 교육의 부족함과 본질을 찾고자 하는 목소리가 필요했습니다.

모두를 대표할 수는 없겠지만, 7명의 교사와 교육학자가 모여 코로나19라는 혼돈에 빠진 2020년을 돌아보고자 합니다. 우리의 이야기가 앞으로 대한민국 교육을 위해 많은 이들의 목소리를 끌어내는 마중물의 역할을 할 수 있기를 바랍니다.

팬데믹 시대에 1학년이 된 아이들

PART 3

온라인 수업, 어떻게 변화하고 있을까

PART 4

PART 7

함께 준비해야 할 학교의 미래

PART 1

팬데믹이 가져온
학교의 변화

코로나19로 학교는 지금까지 경험해보지 못한 많은 일을 겪고 있습니다. 온라인 개학이 실시되었고, 학생과 교사 간의 비대면 온라인 수업이 시작되었습니다. 팬데믹이라는 힘든 상황에서도 학교는 배움의 장을 계속 이어나가기 위해 변화의 진통을 겪고 있습니다. 그러는 사이 우리나라 교육의 약점과 한계도 수면 위로 드러나고 있습니다. 코로나19로 달라진 학교의 상황을 자세히 살펴보고 우리 교육이 나아갈 방향에 대해서도 이야기를 나눠보려 합니다.

류창기 선생님

경인교육대학교를 졸업하고 한국교원대학교 초등교육학과에서 석사학위를 받았습니다. 어린 시절 친구들과 뛰놀던 학교가 그리워 교사가 되었습니다. 저서로는 『초등학교 때 꼭 알아야 할 국어 100』『초등학교 때 꼭 알아야 할 지리 100』『삶이 있는 수업』이 있으며, 3~4학년의 사회 교과서를 집필 중입니다. 현재 역동초등학교 교사로 재직하고 있으며 티스쿨 원격 교육연수원의 강사로도 활동하고 있습니다. 교육실천이음연구소에서 만난 동료들과 함께 삶과 교육에 대해 토론하며 글을 쓰고 있습니다.

팬데믹 상황에서
학교가 겪은 일들

Q

지난해 9월 청와대 국민청원 홈페이지에는 '이건 온라인 수업이 아닙니다. 언제까지 아이들을 방치하실 예정입니까?'라는 제목으로 3학년 자녀를 둔 워킹맘이라고 밝힌 한 청원자의 글이 올라왔습니다. 그 글에는 "공교육과 학교, 선생님이 아이들을 버렸다."는 표현까지 등장했어요. 이 청원은 나흘 만에 2만 명의 동의를 얻었는데, 팬데믹이 계속되는 상황에서 교육 현실에 대한 불만이 표출된 것으로 보입니다. 이 상황에 대해 어떻게 생각하나요?

먼저 학부모가 왜 이런 청원을 했는지, 그 이유와 배경에 대해 생각해봐야 합니다. '아이들을 버렸다'는 표현에서 알 수 있듯 장기화되고 있는 팬데믹 상황에서 공교육에 실망한 마음이 고스란히 표현된 겁니다. 정말 학교가 그렇게 했냐, 안 했냐는 사실을 따지기 전에 학부모가 받은 충격이 그만큼 크다는 점을 헤아려야 합니다. 학부모의 입장에서도 처음부터 불만이 생긴 것은 아닐 겁니다. 불안이 커지다 보니 불만이 되었을 텐데요. 학교와 교사가 학부모들과 보다 긴밀하게 소통하며, 현재 상황에 대해 자세히 설명하고 이해시키려는 노력을 통해 학부모들이 느끼는 불안을 해소하고 다독였다면 좋았을 텐데 하는 아쉬움이 남습니다.

Q

이런 이야기를 들으면 속상해하는 선생님도 많을 것 같아요. 분명한 건 지금의 상황이 교사 혼자의 힘으로 감당할 수 있는 것은 아니라는 점이며, 우리 모두에게 느닷없이 닥친 상황이라는 겁니다.

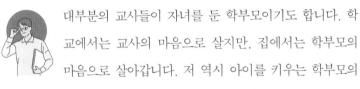 대부분의 교사들이 자녀를 둔 학부모이기도 합니다. 학교에서는 교사의 마음으로 살지만, 집에서는 학부모의 마음으로 살아갑니다. 저 역시 아이를 키우는 학부모의 입장으로 '담임교사가 왜 전화도 한번 안 하지?' '우리 아이 이름은 아실까?' '온라인 수업 시간이 너무 짧지 않나?' '과제물에 대한 피드백은 왜 이리 늦는 거지?' 하는 생각을 하듯, 대다수의 학부모도 이런 불만이 생기지 않을까요.

소통하지 않는 학교에 대해 답답해하는 마음은 사실 우리 교사들도 매한가지입니다. 하지만 현재 상황에서는 문제를 해결하는 열쇠를 쥐고 있는 사람은 교사일 겁니다. 그런 까닭에 우리는 더 많은 이야기를 나누어야 합니다.

Q

교사들이 문제를 해결할 수 있는 실마리를 찾아 나가야 한다는 말씀이군요. 그런데 생각해 보면 우리가 이런 감염병을 겪는 것이 처음은 아닙니다. 이전과 비교할 때 코로나19는 어떤 점이 다른가요?

돌이켜보면 우리는 신종 감염병을 네 차례나 겪었습니다. 사스, 신종 플루, 메르스, 코로나19까지요. 학교가 감염병의 심각성을 인지하기 시작한 건 신종 플루 때부터였어요. 이번 코로나19처럼 세계보건기구(WHO)에서 팬데믹을 선언했고, 분위기도 지금과 비슷했어요. 그때도 수업 전후로 교실을 소독했어요. 호흡기 질환이 있는 아이들은 등교하지 않도록 지도했는데, 다행히 그해 백신이 나오면서 안정을 되찾았습니다.

2015년 메르스 때는 상황이 좀 더 심각했어요. 감염자가 다녀간 병원에 코호트 격리가 내려졌다는 소식이 들렸으니까요. 학교장의 재량에 따라 휴교를 하기도 했어요. 그런데 코로나19는 지금까지의 감염병과 달리 전파력이 무서운 데다 백신의 개발이 늦어지면서 정상적인 학교 운영을 어렵게 만들었어요. 지금까지 수차례 유행병을 겪었지만, 양상이 제각각이라 대응하는 데 매끄럽지 못했습니다. 이번 사태가 진정되고 새로운 감염병이 유행하더라도 지금과 크게 다르지 않을 거라 생각합니다. 이런 위기에 대응하는 매뉴얼을 완벽하게 갖춰놓는 것도 필요하지만, 위기에 맞서는 힘을 길러야 합니다. 그러기 위해서는 학교와 가정 간의 연대가 중요하다고 생각합니다.

Q

코로나19에 대한 교육부나 교육청의 초기 대응은 어떠했나요?

교육부의 초기 대응을 정리하면 다음과 같습니다. 먼저 학사일정을 변경하고 탄력적으로 교육과정을 운영할 수 있도록 관련 조치를 내렸어요. 현장에 적용하면서 생겨나는 문제에 대해서는 비교적 신속하게 수정했으며, 교육 현장에서 유연하게 대처할 수 있도록 최소화한 규정이 만들어졌습니다.

교육부의 코로나19 대응 지침

2020년 3월 27일	초 · 중 · 고 · 특수학교 원격 수업 운영 기준안
2020년 4월 2일	2020학년도 유 · 초 · 중 · 고 학사 운영 방안 및 온라인 개학 기간 중 지침 안내
2020년 4월 7일	코로나19 대응을 위한 원격 수업 출결 학생평가 기록 가이드라인 배포
2020년 5월 7일	코로나19 대응을 위한 등교수업 출결, 평가, 기록 가이드라인 안내
2020년 5월 12일	2020학년도 등교수업 시작 결정 및 학사 운영, 등교수업 시간 중 지침 수정본 안내
2020년 5월 26일	범교과 학습 주제 탄력적 편성 운영 기준
2020년 6월 2일	수행평가 부담 완화 제도 개선
2020년 6월 3일	코로나19 대응을 위한 등교수업 출결, 평가, 기록 가이드라인 (제2판)

2020년 6월 9일	코로나19 감염증 대응 등교 중지 및 미등교 학생 학습 결손 최소화 방안
2020년 7월 31일	2020학년도 2학기 학사 운영 관련 등교 · 원격 수업 기준 등 학교 밀집도 시행 방안
2020년 8월 6일	2020학년도 2학기 학사 운영 세부 지원방안 발표
2020년 8월 16일	사회적 거리두기 2단계 격상에 따른 교육 분야 후속 조치
2020년 8월 25일	감염증 확산 방지를 위한 선제적 · 적극적 조치로서 수도권지역 전면 원격 수업 전환
2020년 11월 2일	중앙재난안전대책본부의 사회적 거리두기 개편에 따른 교육 분야 관련 사항
2020년 12월 7일	사회적 거리두기 단계 격상에 따른 학사 운영 조치사항 등 안내

Q

교육부의 이런 조치에 대한 교사들의 반응은 어떠했나요?

혼란스러운 상황에서도 교사들이 학생들과 수업에 집중할 수 있는 환경을 만들어갔다는 점에서는 긍정적이었어요. 하지만 교육부의 대응 가운데 선제적이거나 즉각적인 조치로 보기 어려운 부분도 분명 있었습니다. 1차 학교 휴업 조치(2020년 2월 23일)를 내리고 한 달이 지나서야 '초 · 중 · 고 · 특수학교 원격 수업 운영 기준안(2020년 3월 27일)'을 내놓은 점이 가장 큰 아쉬움으로 남습니다.

또한 교육정책을 결정하고 전달하는 과정에서도 문제가 있었어요. 2주 단위로 이루어지는 개학 연기를 몇 차례 겪으면서 '주말 증후군'이라는 말이 생겨나기도 했으니까요. 금요일 오후가 되면 교육부에서 어떤 결정을 내릴지 언론을 통해 살짝 흘러나와요. 토요일과 일요일에 지역 맘카페 등에서 갑론을박이 일어나죠. 월요일에는 교육부에서 한발 물러나 그런 결정을 내린 적이 없다고 합니다. 화요일쯤 언론을 통해 공식적인 지침이 내려집니다.

교사들은 주말 내내 학부모들의 질문에 시달려야 했어요. 교사들 사이에서 '주말 증후군', '네이버 공문'이라는 말이 생겨난 것도 이런 이유 때문입니다. 더욱이 민원과 언론을 통해 만들어지는 교육정책이 현장과 잘 맞지 않으면 학교는 더 큰 혼란을 겪을 수밖에 없습니다.

쌍방향 수업에 대한
오해와 진실

교육청조차 언론을 통해 새로운 소식을 접한다는 볼멘소리를 하는 걸 보면 일선 학교에서는 얼마나 큰 혼란을 겪었을지 짐작됩니다. 위급한 상황임을 감안해도 교육 현장에 있는 교사들과 보다 원활하게 소통했어야 하는 아쉬움이 남는군요. 교육청에서 내린 조치 가운데 어떤 부분이 문제가 있었다고 생각하나요?

실시간 쌍방향 수업입니다. 교육부가 제시한 온라인 수업은 네 가지 유형이었습니다. 실시간 쌍방향 수업, 콘텐츠 활용 중심 수업, 과제 수행 중심 수업, 교감 또는 학교장이 별도로 인정하는 기타 수업입니다. 하지만 실제 교육 현장에서는 이런 유형이 구분되지 않고 섞여 있습니다. 콘텐츠형 수업이라 해도 학생들한테 과제를 제시하고 수행 결과를 요구합니다. 과제형 수업이라 해도 아이들이 수행할 수 있는 콘텐츠가 필요합니다. 학생이 이해하지 못했을 때는 화상 도구를 이용해 직접 가르치기도 합니다.

온라인 수업을 한 가지 유형으로만 한정 지을 수 없다는 말씀이군
요. 하지만 국민청원이나 지역 맘카페 등에서 실시간 쌍방향 수업을
해야 한다는 요구가 빗발쳤어요.

'실시간 쌍방향 수업'이라는 표현이 적잖은 오해를 불러
옵니다. 실시간과 쌍방향으로 이루어진다는 점이 부각되
면서 다른 유형과 비교해서 교육적 효과가 더 클 거라는
기대를 하게 만드니까요. 하지만 학생들이 특정한 유형에서만 활발
하게 수업에 참여한다고 볼 수는 없어요. 각각의 유형마다 상호작용
을 할 수 있도록 적절한 방법을 찾는 게 중요합니다. 또한 실시간 쌍
방향 수업이라 하기보다 '화상 도구를 활용한 수업'이라고 명명하는
게 바람직해 보입니다.

무엇을 매개로 수업을 진행하느냐에 따라 온라인 수업의 유형을 구
분했다고 볼 수 있군요. 콘텐츠를 활용한 수업을 '콘텐츠 활용 중심
수업', 과제를 중심으로 한 수업을 '과제 수행 중심 수업'이라 했으
니, 화상 도구를 활용한 수업은 '화상 도구 활용 수업'이라고 부르는
것이 적절할 듯합니다. 그런데도 실시간 쌍방향 수업, 즉 '화상 수
업'을 실시해달라는 강한 요구가 있었습니다.

저도 그 부분을 다시 한번 짚고 넘어가야 한다고 생각합니다. 화상 수업이 다른 유형의 수업보다 교육적 효과가 크다고 맹신해서는 안 된다는 겁니다. 화상 수업을 하더라도 콘텐츠 활용 중심 수업이나 과제 수행 중심 수업 등이 병행되어야 해요.

현재 교육적인 상황은 매우 복잡하게 얽혀 있고 학생들은 지극히 개인적이고 역동적인 경로를 통해 배웁니다. 각각의 방식이 지니고 있는 장점을 활용할 수 있어야 합니다.

학부모들의 요구에 따라 하고 안 하는 게 아니라 학생들한테 필요하면 하는 거고, 수업 내용에 적합하지 않으면 안 하는 분위기가 조성되어야 합니다. 쌍방향이라고 해서 선생님과 학생 간의 상호작용이 원활하게 이루어진다고 생각하는 것은 잘못된 믿음입니다.

학교는 지금까지 수차례 유행병을 겪었지만,
양상이 제각각이라 대응하는 데
매끄럽지 못했습니다.
이번 사태가 진정되고 새로운 감염병이
유행하더라도 지금과 크게 다르지
않을 거라 생각합니다.
이런 위기에 대응하는 매뉴얼을 완벽하게
갖춰놓는 것도 필요하지만,
위기에 맞서는 힘을 길러야 합니다.
그러기 위해서는 학교와 가정 간의 연대가
중요하다고 생각합니다.

온라인 수업이
시작되다

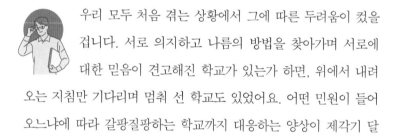

Q

팬데믹에 대처하는 각 학교의 대응 방식은 어떠했나요? 모두 똑같
지는 않았을 텐데요.

우리 모두 처음 겪는 상황에서 그에 따른 두려움이 컸을
겁니다. 서로 의지하고 나름의 방법을 찾아가며 서로에
대한 믿음이 견고해진 학교가 있는가 하면, 위에서 내려
오는 지침만 기다리며 멈춰 선 학교도 있었어요. 어떤 민원이 들어
오느냐에 따라 갈팡질팡하는 학교까지 대응하는 양상이 제각기 달
랐어요.

그렇다면 대응 방식에서 이런 차이를 보인 이유는 뭘까요? 의사
결정기구가 마련되어 있지 않았기 때문일까요? 교직원회의, 부장협
의회, 인사자문위원회, 교육과정위원회, 학교운영위원회, 학생복지
및 폭력대책자치위원회 등 각각의 소위원회까지 포함하면 교내 의
사결정기구는 수십 개에 달합니다.

모든 학교에 이 같은 의사결정기구가 구성되어 있지만, 사실 위기 상황에서 의견을 잘 모아내는 학교는 많지 않아요. 많은 학교가 교육부나 교육청의 지침에 따르는 것에 익숙한 나머지 협의 과정을 번거롭게 여기거나 회의를 진행해도 의견이 모아지지 않아요. 말해봤자 갈등만 조장한다는 오해를 받거나 괜히 피곤해진다는 생각에 입을 다물어요. 감염병이 확산되고 방역수칙이 강화될수록 의사결정이 협의가 아닌 통보에 가까워지는 것도 이런 이유 때문입니다.

Q

팬데믹 상황에 잘 대응한 학교일수록 평소 학교 문화가 민주적으로 이루어졌다는 이야기도 들려옵니다. 보통 어떤 기준에 따라 결정을 내리나요?

학교에서는 교육부의 지침을 따릅니다. 그런데 문제는 그 지침이 다의적으로 해석된다는 겁니다. 거의 대부분의 공문에 '권장함'이란 표현이 자주 등장하는데, 얼핏 보면 민주적으로 보이지만 사실 민원 발생을 최소화하기 위한 표현이라 할 수 있어요. 학교 안의 모습도 이와 크게 다르지 않아요. 업무 관련성과 책임 정도에 따라 공문의 해석이 달라집니다. 책임이 누구한테 돌아가느냐에 따라 완전히 다른 해석을 내놓기도 해요. 옳은 방향을 찾기보다 책임을 지지 않는 쪽으로 판단을 내리기 때문입니다.

Q

온라인 수업 이야기를 해볼까요? 온라인 수업과 관련된 학교의 지원이 충분하지 않아 교사들의 부담이 컸을 것 같은데, 어떻게 온라인 수업을 시작했는지 궁금합니다.

 처음 온라인 수업을 하던 날, 코로나19 이전과는 완전히 다른 환경 속으로 들어왔다는 것을 실감했어요. 서로 다른 공간에 있는 아이들을 배움으로 연결한다는 게 쉬운 일은 아니었습니다. 교실에서 가르쳤다면 말 몇 마디로 끝나는 것도 몇 차례 복잡한 과정을 거쳐야 아이들이 겨우 알아듣거든요. 원활한 소통에 도움이 되는 디지털 장비나 새로운 프로그램을 익히기 위해 노력했지만, 기기를 능숙하게 다룬다고 해서 문제가 모두 해결되는 게 아니었어요. 그것을 어떻게 수업에 활용할 것인지 그때부터 새로운 고민이 시작되었습니다.

Q

교사들이 디지털 문명을 선두에서 맞이할 수밖에 없었던 상황으로 보입니다. 아무래도 젊은 교사들이 이런 상황에 대응하기에 상대적으로 유리하지 않았을까요?

 많은 사람들이 젊은 교사들이 디지털 기기를 비교적 능

숙하게 다룰 테니 고경력의 교사들보다는 효율적으로 대응했을 거라 생각합니다. 그런데 현장에서는 꼭 그렇지만은 않았어요. 나이보다는 개인의 성향에 따라 달랐어요. 컴퓨터, 스마트폰, 태블릿PC 등 온라인 수업에 사용하는 기기는 대부분의 교사들이 이전부터 사용해왔으니까요. 프로그램도 처음에는 이것저것 사용하다 자신의 손에 익은 것을 계속해서 사용하게 됩니다. 한번 적응하고 나면 이후에는 크게 어렵지 않거든요. 여기에서의 핵심은 '장비와 프로그램을 어떻게 교육에 접목시킬 것인가?'입니다. 장비와 프로그램을 능숙하게 다루는 스킬도 필요하지만, 그보다는 학생들에 대한 깊은 이해와 가르치고자 하는 열정이 중요합니다.

Q

4차 산업혁명이 가속화될수록 인문학이 더 필요하다는 흐름과 일맥상통하는 듯합니다. 교육부에서는 'K-에듀 통합 플랫폼*', '그린 스마트 스쿨**' 등을 이야기하지만, 어쩌면 교육의 본질은 전혀 변하지 못하고 그대로가 아닌가 생각됩니다.

* K-에듀 통합 플랫폼 교육부가 추진하는 온라인 수업 플랫폼. 공공기관은 물론 민간기업도 들어올 수 있는 열린 형태의 플랫폼이다. 모든 초중고에서 온라인 학습 콘텐츠, 학습관리시스템 LMS, 학습 도구 등을 편리하게 사용할 수 있는 통합 플랫폼을 구축하여 2023년부터 서비스를 시작하는 것을 목표로 한다.
** 그린 스마트 스쿨 정부가 디지털, 그린 융복합 분야의 추진 과제 중 하나로 제시한 사업이다. 친환경, 디지털 교육 환경을 조성하기 위해 태양광, 친환경 단열재를 설치(그린)하고 교실에 와이파이와 교육용 태블릿PC를 보급(디지털)하는 것이 주요 추진 내용이다.

그렇습니다. 처음에는 첨단 장비와 프로그램이 먼저 눈에 들어왔지만 결국은 질 높은 교육이 중요합니다. 결국 장비나 프로그램은 교육의 본질이 아니라 도구일 뿐입니다.

Q

학부모들 사이에서는 온라인 콘텐츠를 기반으로 하는 수업에 대한 평이 그리 좋지 않았던 것으로 기억합니다. 2000년대 초반 일명 클릭 교사라는 말이 있기도 했어요. 코로나19 상황에서는 링크 교사라는 신조어가 등장했는데, 이 점에 대해서는 어떻게 생각하나요?

앎과 삶은 하나입니다. 삶이 쌓여 앎이 되고, 앎이 깊어질수록 삶의 의미를 더합니다. 앎을 삶으로 풀어내는 게 가르침이고, 삶에 앎이 스며들면 배움이 됩니다. 삶으로 풀어내고 앎으로 묶어내는 복잡한 과정이 수업입니다. 수업을 마치 물건을 주고받는 것처럼 간단히 여겨서는 곤란하다고 생각합니다. 예컨대 누군가로부터 선물을 받았다고 생각해보세요. 선물 상자를 묶어놓은 끈을 풀기 귀찮아 그대로 둔다면 그 안에 어떤 선물이 들어있는지 알 수 있을까요?

원로 교육학자인 김민남 교수는 『프레이리의 사상과 실천』이라는 책에서 "그 어떤 좋은 것도 삶으로 살지 않는 한 그것은 노역이다."라고 말했습니다. 노역이 아닌 삶이 되려면 묶인 끈을 풀어 이야기로 펼쳐내는 수고가 필요합니다. 수업이 텍스트Text에서 벗어나 삶을 연결하는 콘텍스트Context로 나아가려면 클릭과 링크만으로는 불가능하다고 생각합니다.

Q

온라인 수업에 AI 인공지능, VR 가상현실 등의 최첨단 장비가 활용된다면 앎과 삶을 연결시키는 게 가능하지 않을까요.

우리가 어린 시절, 오락실 간판에는 두뇌계발, 지능계발 등의 글자가 큼지막하게 쓰여 있었어요. 컴퓨터가 가정에 막 보급되기 시작했을 때 부모들은 자판을 누르는 아이의 모습을 보며 흐뭇한 미소를 지었어요. 지금 생각해보면 웃음이 나는 장면입니다. 요즘도 그런 생각을 하는 부모가 있을까요?

그런데 기술이 그려놓은 삶의 모습이 그때와 크게 다르지는 않은 것 같아요. 식당에 가면 어린아이가 스마트폰을 뚫어지게 쳐다보며 얌전히 앉아 있는 모습을 종종 보곤 합니다. 부모들도 이런 전자 기기가 좋지 않다는 것을 알면서도 아이 손에 쥐어주게 됩니다. 사람이 기술을 이용하는 것처럼 보이지만, 사실 기술이 사람을 조정한다고 볼 수 있어요.

Q

온라인 수업에 대한 기대보다는 우려되는 점을 말씀했는데요. 온라인 수업과 등교수업을 병행하면서 인상적인 장면은 없었나요?

세 가지 장면이 떠오릅니다. 첫 번째는 화상 수업을 처음 했던 날이에요. 화면에 아이들의 얼굴이 하나둘 나타날 때 기분이 참 묘했어요. 비록 온라인을 통한 만남이었지만 무척 반가웠어요. 아이들의 표정에서도 저와 비슷한 감정이 느껴졌어요. 가르침과 배움이 원격으로 이루어지더라도 서로의 마음이 전해진다는 걸 이때 알게 되었습니다.

두 번째는 아이들의 학습 결과물에 대한 피드백입니다. 학생들이 과제물을 사진으로 찍어 올리면 그것을 하나하나 살펴보고 피드백을 주었습니다. 종전의 수업과 비교할 때 일대일 형태의 피드백을 지속적으로 할 수 있다는 것이 강점이었어요. 그 과정에서 아이들 한 명 한 명을 깊게 이해할 수 있었습니다.

세 번째는 등교수업을 다시 시작했을 때입니다. 온라인 수업과 비교해서 다시 한번 교실의 가치를 새롭게 깨달았던 순간이었습니다. 교실은 단순히 물리적인 공간만이 아니었어요. 교실에 들어온 학생들은 공부할 마음을 갖고 알아서들 움직입니다. 그날 저는 '아, 교실이 아이들을 가르칠 수도 있구나' 하는 생각을 했어요. 교실이라는 공간이 주는 교육적 의미가 제 가슴에 깊은 울림을 남겼습니다.

온라인 수업의
올바른 방향을 생각하다

Q

그렇다면 온라인 수업은 어떤 방향으로 나아가야 할까요? 또한 우리에게 주어진 과제는 무엇일까요?

현재 공교육이 지나치게 제도화되어 있는 점이 아쉽기는 하지만, 이렇게 지속적으로 배움의 장이 열려 있는 곳이 학교 말고 또 있을까요? 학교 밖에서 볼 때는 공교육 현장이 잘 변하지 않는 것처럼 보이지만, 실제로는 그렇지 않아요. 학교는 배움의 장을 구성하는 방식을 달리하며 끊임없이 변해왔습니다.

팬데믹이라는 어렵고 힘든 상황에서도 배움의 장을 열기 위해 학교는 변화의 진통을 겪고 있어요. 바로 온라인 수업이 학교가 변화하는 새로운 형태입니다.

지금까지의 수업과 온라인 수업을 비교할 때, 배움의 장을 구성하는 주체성이 교사보다 학생에게 있다는 점이 큰 변화가 아닌가 생각합니다. 교실에서 이루어지는 수업에서는 일차적 책임이 교사에게 있지만, 온라인 수업은 학생에게 있다고 할 수 있어요. 클릭 한 번으로 수업을 연결하고 끊을 수 있는 선택권이 학생의 결정에 달려 있으니까요. 학생의 선택에 따라 배움의 장이 열리고 닫힐 수도 있다는 말입니다.

하지만 학생이 선택할 수 있는 폭이 넓어졌다고 해서 교육적 효과가 저절로 높아지는 것은 아닙니다. 교육적 효과를 높이기 위해서는 학생 스스로 좋은 선택을 할 수 있는 안목을 먼저 길러야 하니까요. 다시 말해 '배움을 구성하는 주체성'이 필요하다는 겁니다. 온라인 수업의 핵심은 학생들에게 스스로 배움의 장을 구성하는 경험을 제공하는 거라 할 수 있어요.

Q

학생 스스로 배움을 구성하는 주체적인 존재가 되어야 한다는 말씀이군요. 그러기 위해 교사들은 어떤 노력을 해야 할까요?

교사가 가르침에서 주체성을 찾아야 하듯 학생 또한 배움에서 주체성을 찾을 수 있어야 합니다. 교사는 학생이 그렇게 할 수 있게 도와야 하고요. 학생 스스로 배움을 구성한다는 것은 자발적으로 주의력을 기르는 것과 깊은 연관이 있어요.

아이들이 직접 배움을 구성하는 긴 호흡이 이루어지려면 교육의 내용과 방법에서도 변화가 필요합니다. 교육 내용이 실제의 삶과 연계되어야 하고, 교육 방법이 지금보다 실천적으로 바뀌어야 해요.

교사들은 우리 삶의 다양한 이야기 속에서 교육으로 끌어낼 만한 요소를 찾아 가르쳐야 합니다. 즉 삶과 연계된 교육이 필요하다는 말이죠. 실제로 현실 속의 많은 문제에서 나와 타인이 서로 얽혀 있어서, 이웃의 문제를 풀지 않고서는 나의 문제도 풀리지 않는 경우가 많잖아요. 결국 이런 깨달음 속에서 아이들은 '공공성'의 진정한 의미도 알게 됩니다. 이를 통해 혼자의 힘으로 배움의 공간을 만드는 '홀로 배움'과 배움의 공간을 함께 만들어가는 '서로 배움'의 차이를 인식하고, 나아가 이 둘이 조화를 이룰 때 우리가 지향하는 교육이 가능하리라 생각합니다.

'삶이 있는 수업' 또는 '삶이 있는 교육'에 대해 말씀했는데, 팬데믹 상황에서도 이것이 가능할까요?

간혹 우리 사회는 마치 배우기 위해 사는 것처럼 보일 때가 있어요. 사실 살기 위해 배우는 것인데, 배움이 삶을 넘어버렸다는 생각이 들어요.

재미있는 건 '삶과 연계된 교육'이라는 표현이 최근 교육부에서 발간하는 문건에 자주 등장한다는 사실입니다. 2020년 7월에 열린 〈포스트 코로나 교육 대전환을 위한 제3차 권역별 포럼〉에서는 '학생 맞춤형 교육'을 제시했어요. 이 포럼에서는 현장 중심의 교육지원 체제를 통한 다양한 교육과정, 학생 중심 수업, 미래형 평가, 교원 정책 혁신을 미래 교육의 주요 초점으로 제시했어요. 학생의 개별성과 교육의 다양성에 관한 내용으로 '삶과 연계된 주제 중심의 교육과정'을 설명합니다.

'OECD 학습나침반* 2030'에서도 삶은 중요한 키워드입니다. 아이들이 정해진 지침이나 교사의 지시를 그대로 따르기보다 낯선 상황에서 스스로 탐색하고, 사회의 책임 있는 구성원으로 성장할 수 있는 방법을 강조합니다. 그 중심에 학생의 행위 주체성Student-agency을 제시했는데, 주체성을 기를 수 있는 방법으로 여기서는 새로운 가치 창출하기, 책임감 가지기, 긴장과 딜레마 조정하기의 세 가지 역량을 이야기합니다. 그만큼 삶의 문제를 해결하는 과정을 교육의 중심에 두었어요. 이렇게 교육부나 경제협력개발기구OECD에서 삶과 연계된 배움을 강조하는 것은 반가운 일이 아닐 수 없어요.

---

* 학습나침반Learning Compass OECD의 〈미래 교육 및 역량 2030 프로젝트〉의 결과로, 학습자가 어떻게 자신의 삶을 향해해 나갈 것인지, 미래 교육의 기본적인 원리를 나침반으로 도식화했다. 학생들이 미래를 살아갈 수 있는 능력을 갖추기 위해 어떤 것이 필요한지 통찰할 수 있는 기회를 제공한다. 2030년대를 살아가는 아이들이 사회 구성원이나 개인으로 웰빙Well-being할 수 있도록 돕는 것이 궁극적인 목적이다.

지금까지의 수업과 온라인 수업을 비교할 때,

배움의 장을 구성하는 주체성이

교사보다 학생에게 있다는 점이

큰 변화가 아닌가 생각합니다.

교실에서 이루어지는 수업에서는

일차적 책임이 교사에게 있지만

온라인 수업은 학생에게 있다고 할 수 있어요.

클릭 한 번으로 수업을 연결하고 끊을 수 있는

선택권이 학생의 결정에 달려 있으니까요.

학생의 선택에 따라 배움의 장이 열리고

닫힐 수도 있다는 말입니다.

미래 교육,
변화의 키워드는 무엇인가

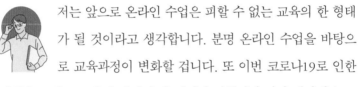

Q

미래의 교육에서도 삶이 중요한 키워드로 등장하는군요. 그렇다면 미래 교육에서 온라인 수업은 어떤 형태로 진화할 것인지 궁금합니다.

저는 앞으로 온라인 수업은 피할 수 없는 교육의 한 형태가 될 것이라고 생각합니다. 분명 온라인 수업을 바탕으로 교육과정이 변화할 겁니다. 또 이번 코로나19로 인한 경험을 토대로 교육과 관련한 법 개정이 이루어질 거라 생각해요.

교육과정의 탄력적인 운영이 명시될 테고, 수업 일수 감축에 관한 기준도 지금보다 유연해지는 쪽으로 변화할 것입니다. 음악, 미술, 체육 같은 체험이나 활동 위주의 교과는 보다 큰 변화를 겪지 않을까요? 수업 시간의 변화도 필요하고요. 교육평가 부분에서도 지침이 보완되어야 할 것입니다.

Q

세계적인 석학인 유발 하라리는 "코로나 폭풍은 지나갈 것이다. 하지만 우리가 내린 지금의 선택은 앞으로 몇 년 동안 우리의 삶을 변화시킬 것이다."라고 말했습니다. 그의 말대로 우리가 불가피하게 선택한 온라인 수업이 순식간에 학교의 모습을 바꿔놓았어요. 온라인 수업이 피할 수 없는 길이라면 학교 교육은 어떻게 변화할까요?

 교육부에서는 온라인 수업을 '교수-학습 활동이 서로 다른 시간 또는 공간에서 이루어지는 수업 형태'로 정의했어요. 하지만 이는 기술적인 관점을 강조한 개념입니다.

기술적인 관점에서 보면, 학생 개개인의 특성을 집중적으로 살펴보기에는 온라인 수업이 대면 수업보다 유리해요. 학생들의 수행 결과가 온라인 플랫폼에 데이터로 쌓이는 것도 장점입니다. 교사에게 시간만 허락된다면 결과를 보며 아이의 특성을 자세히 살펴볼 수 있으니까요. 이는 동시다발적으로 이루어지는 대면 수업에서는 쉽지 않았던 일입니다.

예컨대, 발달단계이론(인간이 평생 거치는 발달단계, 특히 아동의 발달을 여러 개의 단계로 나누는 이론)을 생각해보세요. 학생의 개별성을 강조하는 이론임에도 불구하고 현장에 적용한다는 게 너무나 어렵습니다. 아이마다 각기 다른 특성이 있는데, 모든 아이를 하나의 발달단계에 밀어 넣어 단순화시켜요. 발달단계를 활용해 아이의 특성을 이해하려고 노력하기보다 아이를 발달단계에 맞춰 쉽고 간단하게 이해하려는 것으로 변질되었어요. 물론 한정적이긴 하지만 온라인 수업은 앎이 어떻게 생겨나고 어떤 과정을 통해 삶으로 전환되는지 살펴보는 데 있어 아주 유용합니다.

많은 사람들이 온라인 수업의 장점으로 시공간을 초월한 접근성을 떠올렸습니다. 하지만 교육적 관점에서 볼 때, 온라인 수업은 오히려 대면 수업보다 시공간의 영향을 강하게 받아요. 언제라도 공부를 할 수 있다고 해서 언제나 공부를 하는 건 아닙니다. 어디서든 공부를 할 수 있게 되었지만, 막상 자신의 방에서 공부하는 것이 교실보다 더 어려웠어요. 시공간을 초월하는 수업을 기대했지만, 결과는 정반대였습니다.

시공간의 제약이 클수록 교사는 교수Teaching 중심으로 수업을 생각하기 쉬워요. 교사는 과제를 내고 학생이 결과를 제출하면 수업을 한 것으로 생각합니다. 진도 나가기식, 지식을 잘 암기하도록 떠먹여주는 방식으로 가르칠 가능성이 높아요.

온라인 수업의 이런 한계를 극복하고 장점을 잘 살리려면 교육과정이 실천으로 이어져야 합니다. 보통 교육과정은 계획서의 성격을 띠는데, 대부분의 교사가 2월에 세운 계획대로 교육과정을 운영하는 것에 익숙해요. 그런데 이런 계획-실행(수업)-평가의 흐름이 팬데믹으로 깨지고 말았어요. 톱니바퀴처럼 돌아가야 하는데, 계획이 돌아가지 않으니 실행과 평가도 멈추고 말았습니다.

그렇다면 교육과정을 어떻게 운영해야 할까요? 이제는 실천에 중심을 둬야 합니다. 실천(수업)-평가-계획의 흐름으로요. 수업은 계획을 따르는 단순한 실행이 아닌 실천으로써의 의미를 가져야 합니다. 실천을 통해 수업의 의미를 발견하고 해석하며 기록해야 하며, 실천과 해석의 과정을 반복하며 교실의 이야기가 한 편의 보고서가 되어 교육과정에 담겨야 합니다. 삶을 가꾸는 생생한 이야기가 담긴 교육과정은 다음 해의 길잡이가 될 수 있습니다.

아울러 예상되는 문제를 미리 생각해보고 대책도 마련해야 해요. 온라인 수업의 효율성을 높이기 위해 아이들에게 디지털 기기를 사용하는 방법을 가르쳐야 한다는 주장도 있는데요. 그런 요구가 교육과정에 반영될 텐데, 교사들도 이에 대해 깊이 고민해봐야 합니다. 이런 흐름을 무조건 받아들이기보다는 아이들의 성장과 발달을 지원하는 차원에서 어떤 것이 도움이 될지 먼저 꼼꼼히 따져보아야 할 것입니다.

Q

지금까지 팬데믹 국면을 겪어온 학교의 상황을 전반적으로 살펴봤습니다. 앞으로 우리 교육이 나아갈 방향은 무엇이라 생각하나요?

우리나라 교육이 개인의 개별성과 다양성을 추구한다고 하지만, 실제로는 표준화를 지향해온 것이 사실입니다. 다시 말해, 평균을 중요한 척도로 삼았다고 할 수 있습니다. 또한 경쟁과 선발 위주의 입시 제도, 교육기회의 불평등, 교육격

차 등의 문제를 개인화시켰어요. 개인의 이익을 향해 질주하는 교육열은 여러 가지 사회적인 문제를 일으킵니다. 그런 의미에서 코로나19가 우리에게 질문을 던지는 것 같습니다. '표준화된 틀 속에 계속 교육을 가두어둘 것인가?'라고요. 팬데믹 상황에서 단지 비대면 온라인 수업으로 빠르게 전환하는 것만이 우리 교육의 해답은 아닙니다.

참다운 교육은 지금보다 더 위급한 상황에 닥치더라도 삶을 의미있게 살아낼 수 있는 사회인으로 키우는 것이라 생각합니다. 지금부터라도 교육 현장에서는 학생의 성장과 발달이라는 궁극적인 목적을 분명히 세워야 합니다. 그러기 위해서는 교실과 가정이 조화를 이뤄야 해요. 물론 교사가 가정까지 신경 써야 하는 건가라고 생각할 수 있지만, 많은 교사가 부모의 도움 없이는 학생을 잘 가르칠 수 없다는 사실을 절감하고 있습니다. 코로나19로 인해 학교와 가정이 긴밀히 협력해야 하는 환경이 펼쳐졌고, 학교와 가정의 소통이 필수가 되었습니다.

이제는 교육적으로 소통하는 방법을 찾아야 합니다. 지금까지는 점수와 등급 같은 방식으로 학생을 이해했다면, 앞으로는 삶 중심의 교육이 이루어져야 해요. 가정-학교-지역사회가 유기적인 관계를 맺어야만 학생의 성장과 발달의 역동적인 경로를 살펴보고 지원할 수 있기 때문입니다. 앞으로도 이런 혼란이 당분간 지속되겠지만, 어쩌면 코로나19가 가져온 팬데믹이 우리의 교육이 새롭게 나아갈 수 있는 하나의 기회가 될 수도 있지 않나 조심스럽게 예견합니다.

학부모가 묻고 선생님이 답하다
Q&A

Q 코로나19로 인해 처음으로 온라인 수업을 경험했고, 아이나 저
나 많이 어색하고 낯설었어요. 저는 온라인 수업을 할 때 아이
가 처음에 접속하는 것만 도와주고 계속 아이와 함께 있지는 않았어요.
그런데 수업 시간 동안 아이 옆에서 지켜본다는 학부모도 많더군요.

선생님들 입장에서는 학부모가 어느 선까지 도와주길 바라세요? 처음
접속하는 것과 숙제 업로드를 도와주는 것 말고도 학부모가 할 수 있는
역할이 있을까요?

A 학부모의 태도는 아이의 학습에 중요한 변수로 작용합니다. 학
부모가 수업을 얼마나 가치 있게 여기고 교사를 어떻게 대하는
지에 따라 수업에 임하는 아이의 자세가 달라지기 때문입니다. 그렇다면
온라인 수업 시 부모가 자녀를 도울 수 있는 가장 좋은 방법은 무엇일까
요? 몇 가지 방법을 이야기해보겠습니다.

첫째, 자녀와 함께 수업에 관한 대화를 자주 나누기를 바랍니다. 그렇
다고 수업 중에 아이에게 말을 걸라는 것은 아닙니다. 또, 아이가 모르는
것에 대해 질문해도 해답을 말해주는 것은 바람직하지 않아요. 아이가 교
사에게 직접 질문할 수 있는 기회를 줘야 합니다. 수업이 끝난 다음 아이

에게 오늘 수업에서 인상 깊었던 내용이나 재미있었던 순간에 대해 물어보고 대화를 자주 나눠 보세요. 자녀가 부모로부터 공감받고 있다는 것을 느낄 수 있도록 아이를 칭찬하는 말과 행동을 자주 표현해보세요.

둘째, 수업 중에 실수를 하거나 실패를 겪은 아이를 비난하거나 낙담하는 내색을 해서는 안 됩니다. 아이가 실패를 부끄러운 일로 받아들이면 자신을 부정적으로 바라보게 되니까요. 온라인 수업으로 교사와 학생의 모습만 공개된 건 아닙니다. 실수와 실패, 좌절을 대하는 부모의 모습 역시 공개됩니다. 자녀는 부모의 행동과 태도를 보고 자랍니다. 도전을 가치 있게 여기고 실패와 실수가 허용되는 분위기 속에 자라는 아이는 그렇지 않은 환경에서 자라는 아이보다 건강하게 성장할 가능성이 높습니다.

셋째, 자녀가 숙제를 미루지 않도록 규칙을 명확히 세워주세요. 규칙대로 잘되지 않더라도 일단 계획을 세우는 습관을 기르는 것이 좋습니다. 답답한 마음에 학부모가 숙제를 일일이 챙기고 점검하면 당장은 효과가 있는 것처럼 보여도 아이가 해결할 수 있는 힘을 기르는 기회를 놓칠 수도 있으니까요. 학년이 오르고 숙제가 복잡해질수록 아이 스스로 책임지고 해결하는 힘이 빛을 발하게 됩니다.

학부모가 온라인 수업을 참관할 때는 '자녀를 어떻게 도울 것인가?'에 초점을 맞추세요. 평상시 학부모가 가장 많이 하는 질문이 "선생님, 저희 아이는 어떤가요?"입니다. 이 말에는 여러 가지 의미가 담겨있어요. 교사가 우리 아이를 어떻게 보고 있는지, 우리 아이가 다른 아이보다 뒤처진 건 아닌지 학부모의 걱정과 불안이 묻어납니다. 하지만 불안한 마음보다는 '부모로서 아이를 어떻게 도와야 할까?'에 초점을 맞추면 한결 마음이 편해질 것입니다. 온라인 수업이란 낯선 상황 앞에서도 아이를 어떻게 도울 것인지에 집중하면 수업이 달라 보입니다. 아이의 눈높이에 맞추면 무엇을 어떻게 도와야 할지도 보입니다. 아이를 돕고자 할 때 불안과 걱정은 줄고 아이에 대한 믿음과 기대는 커질 것입니다. ❊

PART 2

교육과정을
돌아보고 답을 찾다

온라인 수업을 시작하면서 학교는 정상적인 교육과정을 운영할 수 없게 되었습니다. 학교가 안정을 찾지 못하고 혼란이 장기화되면서 우리는 앞으로의 교육에 대해 걱정하고 고민하게 되었습니다. 포스트 코로나 시대에도 지금의 교육과정이 본래의 기능을 할 수 있을까요? 지금부터는 우리의 교육과정에 대해 알아보고 다가올 시대의 교육과정은 어떠해야 할지 이야기해보고자 합니다.

김종훈 교수

경인교육대학교, 서울대학교를 졸업하고 미국 위스콘
신대학에서 교육과정 전공으로 박사학위를 받았습니
다. 성신여자대학교 교육학과 교수로 예비 교사들을 가
르치고 있으며, 현직 교사들과 함께 가르침의 의미를
고민하는 연구자로 살고 있습니다. 저서로는 『교사, 함
께 할수록 빛나는』이 있습니다.

우리나라의 교육과정,
이대로 괜찮은가

Q

코로나19로 인해 학교의 정상적인 교육과정이 멈춰버렸습니다. 선생님은 교육과정을 전공한 전문가의 입장에서 이런 상황에 대해 어떻게 생각하나요? 교육과정의 관점에서 볼 때 현재의 상황을 어떻게 평가해야 할까요?

동전의 양면처럼 긍정적인 면과 부정적인 면이 공존할 것입니다. 코로나19가 바꾸어놓은 교육과정의 단면을 이해하기 위해서는 먼저 국가 교육과정 제도를 따르는 우리나라의 현재 상황을 살펴볼 필요가 있습니다.

팬데믹과 같은 특별한 위기 상황에서 정부 주도하의 교육과정은 장점으로 작용할까요? 아니면 이와 반대로 단점이 부각될까요? 이번 코로나19 사태를 겪으면서 장단점이 극명하게 드러났다고 봅니다. 지난 70여 년간 유지되어온 교육과정 제도가 보여준 장점이 분명 있겠지만, 지금의 상황에서는 단점이 더욱 표면화되었다고 할 수 있어요.

우리나라 교육과정의 장점이라 하면, 정부가 내린 결정에 전국의 모든 학교가 동시에 움직인다는 겁니다. 반면 그로 인한 다양성의 훼손이나 경직성은 단점에 해당한다고 볼 수 있어요.

그런 의미에서 장점을 충분히 살려 정부에서 보다 정확하고 신속한 판단으로 이번 코로나19 사태에 대처했다면 전국의 모든 학교에서 보다 효율적으로 대응할 수 있지 않았을까 하는 아쉬움이 남습니다. 아니면 교육과정에 대한 권한을 시도교육청이나 지역 교육청, 더 나아가 학교에 전면 부여하고, 한시적으로라도 교육과정 운영의 자율권을 최대한 발휘하게 했으면 어땠을까 하는 생각도 해봅니다.

Q

지난 2020년 3월에는 엄청난 혼란 속에서 개학이 여러 차례 연기되었어요. 개학이 연기되고, 온라인 개학으로 전환되면서 교육과정의 운영에도 어려움이 발생할 수밖에 없었습니다.

교육부나 학교가 정확하게 판단해서 대처하기에는 어떠한 예측도 할 수 없을 만큼 상황이 긴박했던 측면이 있습니다. 누구의 잘잘못을 따지기보다 국가 교육과정 제도의 특징인 통일성과 획일성이 앞으로 우리가 살아갈 새로운 환경에 적합한지 고민해볼 필요가 있어요.

코로나19를 겪으면서 교육과정의 편성과 운영적인 측면에서 학교의 다양성과 자율성을 키워나가야 할 필요성이 훨씬 더 커졌다고 생각합니다. 현재의 교육과정은 연간 34주를 오롯이 등교해서 교사와 학생이 대면하는 상황을 전제로 만든 것입니다. 개학이 연기되고 등교에 차질이 생기면 이전과 같은 학사 운영이 불가능해집니다. 다만 어떻게 하면 파행적인 교육과정의 운영을 줄이고, 학습의 결손을 최소화할 것인가 하는 고민이 뒤따릅니다. 그런 점에서 앞으로 코로나19와 같은 상황이 다시 일어났을 때 교육과정은 어떠해야 하며, 무엇을 덜어내고, 무엇을 어떻게 바꾸어야 하는지에 대한 고민은 팬데믹이 끝나지 않았음에도 불구하고 지금부터 진지하게 시작되어야 할 것입니다.

코로나 이후 교육과정은
어떻게 변해야 할까

하루가 다르게 변하는 긴급한 상황에서 학교는 교육부의 지침을 기다릴 수밖에 없었어요. 하지만 교육부는 명확한 지침을 주기보다 학교에 책임을 맡기는 쪽으로 정책을 추진해왔습니다. 코로나19 이전까지는 교사의 자율권이 배제된 채 국가 교육과정을 따르다 보니 이번에 더 큰 혼란을 겪은 측면도 있어요. 앞서 한시적이라도 교육과정에 대한 권한을 학교에 부여하고 교육과정 운영의 자율권을 최대한 발휘하게 했으면 어땠을까라는 말씀을 했는데, 교사들은 교육과정에 대한 자율성을 어떻게 해석해야 할까요?

국가 교육과정은 법적인 문서입니다. 법적 지위를 가지고 있기 때문에 이를 따라야 하는지, 따르지 않아도 되는지는 선택의 대상이 아닙니다. 그런 점에서 교육부에서도 당장 교사에게 교육과정에 대한 100%의 자율권을 부여한다는 건 사실 어려운 일입니다. 지금까지 교육과정에 있어 자율성은 분명한

테두리와 한계를 지니고 있었습니다. 이런 테두리와 한계가 교사들이 교육과정을 실행하는 것을 제한하는 측면은 분명 있을 겁니다.

하지만 이를 달리 보면, 일정 부분 교사를 보호하는 측면도 있기 때문에 이를 걸림돌로만 단정해서는 곤란해요. 또 국가 교육과정이 제시하는 내용은 학교 교육의 일정한 질적 수준을 보장하는 기능도 분명 있습니다. 팬데믹 사태는 우리에게 교육과정에 대한 교사의 자율성에 한계가 필요한가, 그렇지 않은가, 아니면 또 다른 성격의 자율성이 필요한가 등 여러 가지 질문을 던지고 있습니다. 그런 의미에서 지금까지는 자율성이 분명한 경계 내에 있었지만, 앞으로는 이 부분에서 개선이 필요하지 않을까 생각합니다.

자율성에는 권한과 함께 책임이 부여됩니다. 자율권을 준다는 말은 자율적인 선택에 대한 책임도 져야 한다는 뜻입니다. 그래서 교사의 입장에서는 완전한 자율권이 오히려 위험할 수도 있어요. 교육과정의 편성과 운영에 대한 자유가 커지는 대신, 그에 대한 전적인 책임도 학교와 교사가 감당해야 하는데, 많은 문제가 뒤따를 것입니다. 그럴 경우 오히려 자율성이 경직되고 교육의 범위가 제한될 위험성도 높아요. 결정에 대한 책임은 시도교육청과 교육부가 맡고, 최소한의 테두리 안에서 교사의 자율성을 확보해가면서 의미 있는 교육을 하라는 메시지를 교사들은 가장 원할 것입니다. 특히 팬데믹처럼 혼란스러운 상황에서는 더더욱 말입니다.

Q

일선 교사의 입장에서는 교육과정에서 제시하는 성취 기준이 신경 쓰일 수밖에 없습니다. 일반적인 상황에서는 아이들이 성취 기준에 도달하도록 가르치는 일이 어렵지 않았어요. 하지만 온라인 수업이 진행되는 상황에서는 이런 성취 기준을 충족시키는 것이 매우 어려웠습니다. 이런 상황에서 성취 기준을 어떻게 바라봐야 할까요?

앞서 말씀드린 대로 성취 기준을 비롯한 모든 교육과정이 대면 수업을 전제로 만들어졌기 때문에 지금의 상황에는 잘 맞지 않아요. 학습량도 많을뿐더러 대면 상황에서만 가능한 측면이 분명 포함되어 있으니까요. 이런 상황에서 성취 기준을 조정해야 할지, 조정할 수 있는 건지 등에 대한 고민을 교사가 떠안아야 하는 현실이 안타까울 따름입니다.

코로나19 이전에도 성취 기준의 수가 교과별로 지나치게 많다는 지적은 있었어요. 영어과를 예로 들면, 중학교와 고등학교 1학년 공통 교육과정에 나오는 성취 기준이 50가지가 넘어요. 대면 교육에서도 너무 많다는 게 일반적인 평가였습니다. 그렇다 보니 비대면 상황에서 이 성취 기준을 충족시킨다는 게 무척 어려운 것도 사실입니다.

또 지식이나 기술과 관련된 내용이 아니라 정서적이나 사회적 상호작용과 관련된 성취 기준 그리고 눈에 보이는 결과물이나 행위로 증명해야 하는 유형일 경우 더더욱 이를 구현하는 게 쉽지 않아 보입니다. 따라서 성취 기준의 양과 내용을 덜어내는 작업은 분명 필요할 듯합니다. 문제는 어떤 기준에 따라 무엇을 얼마만큼 덜어낼 것인가에 있어요. 앞으로 지속적인 연구가 필요한 부분일 것입니다.

성취 기준의 수를 줄이는 것도 필요하지만, 성취 기준뿐만 아니라 교과별로 제시된 내용도 체계적으로 정리할 필요가 있어요. 2015 개정 교육과정의 교과별 내용 체계를 보면 영역, 핵심 개념, 일반화된 지식, 내용 요소, 기능이라는 공통된 틀을 따르는데요. 교과가 가진 고유한 특성을 고려하지 않고 모든 교과의 교육과정을 하나의 틀로 제시해서 체계를 만들다 보니 교육 현장에서는 이런저런 어려움이 발생합니다. 교과 고유의 특성이 있음에도 불구하고 하나의 틀에 맞추다 보니 이런 상황이 발생하지 않았나 생각합니다.

또한 성취 기준 이상으로 핵심 개념의 수도 지나치게 많아요. 제생각에는 핵심 개념을 총론 수준에서 교과를 아우르는 방식으로 15개에서 20개 정도로 제시하고, 각 교과는 그중에서 3∼4개를 선택하되, 교과의 특성에 따라 핵심 개념을 재해석하고 구체화하는 방식으로 정리하면 좋을 것 같습니다. 이런 구조로 전체 내용을 구성하면 교과 간의 통합도 훨씬 유연해지지 않을까요? 핵심 개념이 중복되는 교과들이 이 개념을 중심으로 각 교과에서 바라보는 서로 다른 입장을 담아 재구성할 수 있으니까요. 핵심 개념을 총론에서 제시하고, 그 수를 대폭 줄이면 교과별 성취 기준을 간소화하거나 통합하기에도 보다 유연한 구조가 될 거라고 생각합니다.

다시 말해 현재 교과별로 수십 개씩 있는 핵심 개념을 총론 차원에서 제시하는 겁니다. 예를 들어 '공동체'라는 핵심 개념이 있다고 하면 일부 교과에서 이 개념을 교과의 핵심 개념으로 채택하는 겁니다. 사회, 국어, 도덕(또는 윤리) 교과에서 각 교과의 특성에 맞게 핵심 개념을 해석하고 거기에 따른 하위 개념을 만들거나 성취 기준을 개발하면, 공동체라는 키워드를 중심으로 사회, 국어, 도덕 교과를 연결하기가 수월해져요. 교사의 입장에서도 유연하게 재구성이 가능해집니다. 그래서 저는 성취 기준과 함께 핵심 개념도 반드시 조정하면 좋겠다고 생각합니다.

선생님과 함께 더 알아보기

☑ 우리나라의 교육과정

우리나라는 지난 1950년대 초반 제1차 교육과정이 만들어진 이후, 지금까지 총 아홉 차례의 교육과정 개정을 거쳐 현재 '2015 개정 교육과정'을 적용하고 있습니다. 교육과정을 개발하고 고시(공식적으로 공표하는 일)하는 권한이 교육부, 즉 국가에 있기 때문에 흔히 우리나라와 같은 경우를 가리켜 '중앙집권적인 교육과정 체제'를 따른다고 이야기합니다. 하지만 지금까지 국가가 독점하다시피했던 교육과정에 대한 권한은 시간이 흐르면서 시도교육청과 학교 그리고 교사에게로 조금씩 옮겨가고 있기도 합니다.

우리나라와 같이 교육과정을 국가에서 개발하고 모든 학교에 일관되게 적용하는 나라에는 영국, 핀란드 등이 있고, 캐나다, 호주 등은 주별로 교육과정을 달리하기도 하며, 국가나 지역 차원의 교육과정 없이 학교와 교사 수준에서 교육과정을 만들고 적용하는 나라들도 있습니다.

국가 교육과정이 있으면 전국의 모든 학교가 공통된 내용을 가르친다는 점에서 교육의 질적 관리가 쉬운 반면, 학교 교육이 획일화될 우려도 있습니다. 반대로 국가 교육과정이 없는 경우, 교사가 가르치는 내용이 곧 교육과정이기 때문에 다양성은 높은 반면, 교사에 따라 교육의 질적 차이가 발생할 수 있습니다.

국가에서 만든 교육과정을 국가 교육과정이라고 부르고, 이는 다시 전체적인 가이드라인을 제시하는 '총론'과 여러 교과의 교육과정 내용을 담은 '각론'으로 나누어집니다. 교육과정 총론에서 가장 핵심적인 부분 중 하나는 어떤 교과를 몇 시간 가르칠 것인가에 대한 기준입니다. 아래 표는 초등학교의 '시간 배당 기준'입니다.

구분		1~2학년	3~4학년	5~6학년
교과(군)	국어	국어 448 수학 256 바른 생활 128 슬기로운 생활 192 즐거운 생활 384	408	408
	사회/도덕		272	272
	수학		272	272
	과학/실과		204	340
	체육		204	204
	예술(음악/미술)		272	272
	영어		136	204
소계		1,408	1,768	1,972
창의적 체험활동		336 안전한 생활(64)	204	204
학년군별 총 수업 시간 수		1,744	1,972	2,176

예를 들어, 초등학교 1~2학년에서 국어는 448시간, 수학은 256시간을, 3~4학년에서는 국어는 408시간, 수학은 272시간을 가르치도록 되어

있습니다. 물론 학습 내용이나 학교의 실정, 학생의 발달 정도에 따라 각 교과에 배당된 시간을 탄력적으로 편성할 수 있지만, 기본적으로 교육과정은 교육부장관 명의로 고시되어 법령의 성격을 지니기 때문에 학교에서 가르쳐야 할 교과와 시간을 임의대로 바꿀 수 없습니다.

예를 들어, 1~2학년에서는 영어를 가르칠 수 없으며, 5~6학년의 총 수업 시간은 반드시 2,176시간을 확보해야 합니다. 따라서 교사가 수업 시수를 따른다고 할 때, 그것은 국가 교육과정에 명시된 각 교과별 시간 배당 기준을 준수한다는 것을 의미합니다.

국가 교육과정 문서를 포함하여 우리나라 교육과정의 변천사, 세계 여러 나라의 교육과정, 지역과 학교의 교육과정 등 자세한 내용은 '국가교육과정정보센터(www.ncic.go.kr)'에서 확인할 수 있습니다. �֍

교육과정에서
교과서가 가진 의미

Q

2015 개정 교육과정이 고시된 지 벌써 5년이 지났어요. 하지만 학교 현장에서는 2015 개정 교육과정이나 그 이전의 교육과정이 크게 다르지 않게 다가옵니다. 그런 이유에는 교과서라는 존재가 크게 작용합니다. 이번 팬데믹 상황에서 일선 학교가 가장 먼저 신경 썼던 부분은 교육과정을 어떻게 바꿀 것인가보다 아이들에게 교과서를 어떻게 배부하는가였어요. 그만큼 학교 현장에서는 교육과정이 아니라 교과서의 위상이 크다고 볼 수 있어요. 이 부분에 대해서는 어떻게 생각하나요?

교육과정 연구 분야에서 교과서가 큰 비중을 차지하는 건 사실입니다. 교과서는 교육과정을 구현해놓은 하나의 참고 자료일 뿐이라서, 교과서가 아니라 교육과정이 수업의 근간이 되어야 한다고 말하는 사람들이 많습니다. 나아가 일각에서는 교과서를 버려야 한다는 주장이 제기되기도 했어요. 저 역시 교과서가 아니라 교육과정에 기반을 두고 교육을 해야 한다는 의견에 동의합니다. 하지만 이런 주장은 현실적인 상황이 충분히 반영되지 않은 측면도 있어요. 자칫 교과서를 충실히 가르치는 수업이 잘못됐다는 인상을 줄 수도 있으니까요.

사실 교과서는 교육과정을 충실하게 구현한 것이고, 교과서를 개발하기 위해 얼마나 많은 시간과 노력 그리고 재정이 투입되는지 대부분 잘 알고 있을 것입니다. 또 초등학교와 달리 중학교, 고등학교에서는 학교에서 교과서를 선택할 수도 있고, 같은 교과서라 해도 교사에 따라 수업의 내용이나 형식이 얼마든지 달라질 수 있어요. 따라서 교과서에 충실한 수업이 모두 구시대적이고 잘못되었다는 생각은 바람직하지 않다고 봅니다.

현실적으로 교과서를 버리고 교사가 엄청난 시간과 노력을 들여 교육과정을 완전히 새롭게 정립할 경우, 아이들과 학부모 입장에서는 '왜 교과서로 안 배우지?' '시험은 어떻게 하려고 하지?' 하는 반응이 나올 수 있어요. 이 모든 것을 감안할 때 '교과서는 하나의 참고자료일 뿐 교육과정이 수업의 근간이 되어야 한다'는 주장은 이상적이긴 하지만 현실성은 다소 부족하다고 볼 수 있습니다.

Q

결국 교사가 교육과정에 대해 얼마나 잘 이해하고 있는지가 중요하다는 생각이 듭니다. 선생님은 어떻게 생각하나요?

그렇습니다. 교과서를 기반으로 수업을 하더라도 교사는 필수적으로 교육과정을 제대로 이해하고 있어야 합니다. 교사가 교과서를 가지고 수업을 하고 교과서에 있는 내용을 출발점으로 삼더라도 교육과정에 대해 충분히 이해하고 있는지 아닌지에 따라 수업의 질과 내용에서 엄청난 차이가 있으니까요. 저는 개인적으로 교사들이 교육과정 문서를 더 많이 읽고 충분히 이해하면 좋겠다는 바람이 있습니다.

하지만 교사들이 교과서는 봐도 국가 교육과정 문서는 잘 보지 않는 이유가 뭘까 생각해보면, 비단 교사들만의 책임이나 문제는 아닌 것 같아요. 여러 가지 원인이 있겠지만, 교육과정이라는 문서가 지닌 접근성과 가독성이 가장 큰 원인이 아닌가 생각합니다. 교사들의 입장에서는 교육과정이 지금보다 훨씬 더 접근하기 쉽고, 읽기 쉬우며, 사용하기 쉬운 형태와 구조로 만들어지길 바랍니다.

예를 들면, 오늘 내가 아이들에게 가르치려는 이 단원과 차시의 내용이 교육과정의 어느 부분, 어떤 교과의 어떤 성취 기준, 어떤 핵심 개념과 연결되어 있는지 한눈에 알아볼 수 있어야 하고, 전체 교육과정이라는 큰 그림에서 해당 내용이 어디에, 어떤 위상으로 자리 잡고 있는지 쉽게 파악할 수 있는 체계가 필요합니다. 또 시각적인 측면에서도 한눈에 알기 쉽게 만들어진다면 교사들이 교육과정 문서를 더 자주 찾고 접근성도 높아지지 않을까요.

교육과정의 재구성이
필요한 이유

Q

지금부터는 온라인 수업에 대한 이야기를 해볼까요? 팬데믹 상황이 발생한 후 교육부가 처음 대처 방안을 내놓은 것이 3월 말, 온라인 수업의 유형과 관련된 것이었습니다. 이 문서에 따르면 온라인 수업의 유형을 네 가지로 제시했는데, 교육 전문가의 입장에서는 어떻게 생각하나요?

개인적으로 정부 차원의 온라인 수업에 대한 대책을 살펴보면, 겉으로 보이는 방법에 대해서는 많이 이야기하지만 뭔가 알맹이가 빠져 있다는 느낌을 받았어요. 어떤 플랫폼을 어떻게 사용하고, 그것이 가능하려면 어떤 기자재가 필요하며, 학교의 인터넷 환경은 어떻게 개선되어야 하는지에 대한 논의는 매우 활발했던 반면, 교육과정 측면에서는 충분한 고민과 논의가 뒤따르지 못했던 것이 사실입니다. 물론 환경이 중요한 것은 인정합니다. 하지만 그것이 전부가 아니며, 방법이 내용보다 중시되면 안 된다고 생각합니다.

온라인 수업의 방법과 관련해서 제가 염려하는 지점이 바로 이런 부분입니다. 온라인 수업이 네 가지로 유형화되면 우리가 의도하지 않아도 여기에 우선순위와 서열이 매겨집니다. 예를 들어, 실시간 쌍방향 수업을 하는 교사들이 열심히 잘 가르친다는 인식이나 느낌을 갖게 하고, 상대적으로 다른 방법, 즉 과제를 제시하거나 영상을 미리 촬영하거나 링크 등 학습 자료를 제공하는 수업은 교사가 노력을 덜 하거나 전문적이지 않다는 인식을 주거든요. 하지만 실상을 면밀히 들여다보면, 모두가 그런 것은 아닙니다.

어떤 교사는 과제를 내주면서도 학습 관리도 잘하고, 아이들의 과제에 피드백을 제공하는 수업을 진행합니다. 그런데 다른 교사는 실시간 쌍방향으로 40분간 수업을 이끌어가지만 아이들의 반응이나 학습 경험과 상관없이 교사 혼자 설명만 하고 수업을 끝냅니다. 이렇게 두 가지 유형이 있을 경우 제 생각으로는 전자가 후자보다 훨씬 교육적인 효과가 높다고 생각합니다. 방법은 얼마든지 유형화하고 제시할 수 있지만, 그 안에서 교육과정을 어떻게 접목시킬지에 대한 고민이 빠져서는 안 된다고 봅니다.

Q

온라인 수업의 유형을 보면 교육과정이 중심이 되었다기보다 수업의 형태나 수업 중에 전달하는 도구를 기준으로 삼은 듯 보입니다.

교육과정이 아닌 교육공학이나 방법적인 차원으로 다루어진 듯한 느낌이 들어요.

중요한 지적입니다. 실시간 수업이 마치 해결책인 것처럼 말하지만, 방법에 대한 논의로 인해 정작 교사와 학생이 뒷전으로 밀려서는 안 된다는 점을 꼭 말씀드리고 싶습니다. 온라인이든 오프라인이든 교사가 놓치면 안 되는 것이 '아이들에게 배움이 일어나고 있는가?' '배움의 과정을 교사가 확인하고 알고 있는가?' 입니다. 방법을 고민하느라 아이들이 뒷전으로 밀려나는 상황이 가장 안타깝습니다.

교육과정을 고민하는 과정에서도 교육부, 지역 교육청, 학교와 교사 모두 저마다의 역할이 있다고 생각합니다. 우선 교육부는 성취기준이나 수업 일수 및 시수 등에 대한 기준을 새롭게 마련하여 정확하게 제시해야 하고, 이는 향후 교육과정의 개정에서도 고려되어야 하는 사항이라 생각합니다. 감염병의 대규모 확산 같은 유사시 교육과정에 대한 기준이 마련되어야 한다는 의미입니다.

교사 수준에서 교육 내용과 양을 덜어내는 가장 확실한 방법은 교육과정을 재구성하는 것입니다. 관련 있는 교과 간의 내용, 성취기준, 개념 등을 엮어 간소화하는 작업이 꼭 필요합니다. 그러나 교육과정의 재구성에는 많은 에너지와 전문성이 요구됩니다. 코로나19와 같이 혼란스러운 상황에서 평소에도 하지 못했던 재구성을 시행하는 것은 무리일 수도 있을 겁니다. 하지만 앞으로 지금과 유사

한 상황을 대비하기 위해서라도 교육과정의 재구성에 대한 전문성 향상은 절실하다고 말씀드리고 싶습니다.

Q

온라인 수업에서도 '교육과정 재구성'은 유효할까요? 그렇다면 온라인 수업에서는 교육과정을 어떤 방향으로 재구성해야 할까요?

언젠가 교육과정 재구성을 실천하고 있는 선생님들을 인터뷰하고 연구한 적이 있어요. 당시 연구를 진행하면서 제가 만난 선생님들 모두 겉으로 보이는 재구성의 결과물이나 모습은 달랐지만, 그 밑에 흐르고 있는 원리는 같다는 것을 느꼈어요. 교육과정을 재구성하는 저마다의 절실한 이유가 있고, 그 이유는 교사가 지니고 있는 교육에 대한 신념과 가치관, 교육철학과 연결되어 있더군요.

교육과정의 재구성이 코로나19 시대에 적합한가 하는 질문에 대한 저의 대답은 "상황이 달라져도 재구성의 가치는 변하지 않는다."입니다. 교과서에 충실한 수업을 해도 되는데, 굳이 교육과정을 새롭게 만지는 작업을 하려면 교사 입장에서는 상당한 에너지가 소모됩니다. 교육과정을 펼쳐놓고 자세히 연구해야 하고, 무언가를 연결해야 하고, 연결했을 때 덜어낼 것이 생기니까요. 또한 연결한 지점을 의미 있게 수업으로 구현하려면 새로운 자료와 수업 내용에 대한 보충이 필요합니다. 코로나19, 온라인 개학, 온라인 수업을 하는 상황에서 교육과정까지 재구성할 여력이 있을까 하는 생각마저 들 만큼 현실적이지 않을 수도 있어요.

하지만 바꿔 생각해보면 오히려 이런저런 제약이 많고 어려운 상황일수록 재구성은 반드시 필요할 수 있습니다. 무언가를 덜어내고 방법을 바꾸어야 하는 상황이 일어나니까요. 힘들지만 그렇게 하는 것이 아이들에게 교육적으로 의미 있는 경험을 제공할 수 있기 때문입니다.

앞서 언급했던 재구성의 공통 원리를 바로 이 부분에서 찾을 수 있어요. 교사가 전문적인 견해를 가지고 어떤 결정과 판단을 한 결과가 교육과정의 재구성인 것입니다. 하지만 코로나19 이전까지 한 번도 교육과정 재구성을 시도하거나 깊이 있게 경험해보지 않은 교사라면 이런 힘든 상황에서 느닷없이 외적인 필요로 인해 재구성을 시도한다는 것이 어렵다고 봅니다. 따라서 교사의 충분한 경험이 바탕이 되어야 가능하다는 점도 말씀드리고 싶습니다.

교육부에서도 온라인 교육을 유지하거나
확대하겠다고 발표했어요.
이에 대해서는 바람직한 부분도 있고,
또 조심스럽게 접근해야 할 부분도
있다고 생각합니다.
마치 온라인 교육이 정답인 것처럼 접근해서는
곤란하고 위험하며, 그것이 교육의 본질을
흔들 수도 있다고 생각해요.
다만 온라인 교육을 통해 지금까지 우리가
시도하지 않았던 새로운 성격의 교육이
부분적으로 적용될 수 있다고 봅니다.

☑ 교육과정 재구성

교육과정 재구성은 교사가 교육과정을 의도와 목적에 따라 새롭게 구성하는 것을 말합니다. 예를 들어, 국어 교육과정에 '자신의 경험을 담아 느낌을 표현하는 글을 쓴다.'는 내용이 있다고 가정한다면, 이를 실제 수업으로 구현하는 교사의 방식은 다양합니다. 어떤 선생님은 교과서에 있는 지문을 읽고, 느낌을 표현하는 문장을 함께 찾아본 다음 학생들이 각자 글을 쓰도록 할 것입니다. 다른 선생님은 교과서에 나온 글과는 상관없이 학생들의 글에서 출발하여 경험과 느낌을 문장으로 표현하는 수업을 계획할 수 있겠지요.

수업 시간의 측면에서도, 이 내용을 한 시간 안에 다루는 교사가 있는 반면, 이 내용이 중요하거나 필요하다고 판단되는 경우 그 이상의 시간을 할애할 수도 있습니다. 이렇게 교사는 교육과정에 들어 있는 내용을 다양한 방법으로 재구성하게 됩니다.

교육과정 재구성은 모든 교과에서 가능하고, 교과 간에도 가능합니다. 예를 들어, '환경'이라는 주제는 사회, 도덕, 과학, 실과(기술·가정) 등 여러 교과에서 공통적으로 다루는 내용입니다. 교사는 이를 별도로 가르칠 수도 있지만 좀 더 의미 있는 수업을 만들고자 주제를 통합적으로 가르칠 수도 있겠지요. 예를 들어 '지구 살리기 프로젝트'라는 이름으로 여러 시간에 걸쳐 여러 교과에 들어 있는 내용을 통합하여 다루는 방법도 있습니다. 이를 '교육과정 통합'이라고 하는데, 교육과정 통합도 교육과정 재구성의 한 유형입니다.

교육과정 재구성이 중요한 이유는 두 가지 때문입니다. 첫째, 교육과정 재구성에는 교사의 교육관과 가치관, 신념과 철학이 담겨 있습니다. 주어진 교육과정을 있는 그대로 실행하지 않고, 새롭게 구성하는 이유는 그것이 학생들에게 좀 더 의미 있다는 판단 때문입니다. 그 판단에 교사의 신념과 가치관이 개입된다는 것이지요. 둘째, 교육과정 재구성은 교사의 전문성을 가늠할 수 있는 하나의 기준이 됩니다. 주어진 교육과정을 그대로 가르치는 교사보다 학생들에게 의미 있는 학습 경험을 제공하기 위해 다양한 내용, 자료, 방법 등을 고민하는 교사에게는 교육과정과 학생에 대한 깊은 이해가 필요합니다. 즉, 교육과정 재구성을 잘하는 교사를 우리는 전문성이 있다고 말할 수 있습니다. ✻

미래 교육의 핵심 쟁점은
온라인 교육인가

팬데믹이 앞으로도 한동안 지속될 것 같다는 생각에서 질문을 하겠습니다. 교육부는 온라인 수업을 미래 교육의 중요한 축으로 잡고 있는 것 같습니다. 그렇다면 앞으로의 교육 방향은 어떻게 달라질 것이라 예측하나요?

누구나 '미래'라는 말을 들으면 뭔가 아주 멀리 있는 것처럼 비현실적으로 느껴져요. 하지만 교육과정에서 미래에 관한 논의는 그 출발점이 다음에 개정될 교육과정이라고 생각합니다. 차기 교육과정 개정은 2022년에 이루어질 예정으로 지금부터 불과 2년도 남지 않았어요. 지금까지의 교육과정에서 완전히 새롭게 달라질 어떤 것이 아니라 변화하는 상황과 시대에 따라 무엇을 더 담아내고, 무엇을 덜어낼 것인지 고민하는 과정이 될 겁니다.

저는 이번 교육과정 개정에서 학교나 학교 교육이 가지고 있는 본질을 놓치지 않았으면 좋겠습니다. 그 본질은 '교육에 있어 관계를 떼어놓고는 생각할 수 없다'는 사실입니다. 학교가 아니면 다른 어떤 기관에서도 할 수 없는 본질의 가치를 지킨다는 점에서 학교 교육은 보수적일 필요마저 있다고 봅니다. 그런 점에서 팬데믹 시대가 우리에게 좀 더 분명하게 그에 대한 답을 들려주지 않았나 생각합니다. 교사와 학생의 관계, 학생과 학생과의 관계 같은 부분을 생각하지 않고는 교육을 이야기한다는 게 참 어렵다는 사실 말입니다.

잘 생각해보면, 온라인 개학과 온라인 수업이 이루어졌을 때 아이들에 대한 이해가 없는 상태에서 수업을 하려니까 그게 힘들지 않았나요? 대학에서 학생들을 가르치는 저의 경우, 3학년이나 4학년 학생들은 이미 강의 시간에 만났던 친구들이기 때문에 이 학생들이 무엇을 필요로 하고, 무엇을 알고 모르는지에 대한 이해가 있어서 수업을 효율적으로 진행할 수 있었어요. 하지만 1학년 학생들은 한 번도 직접 만난 적이 없는 상태에서 강의를 하려니 막막하더군요. 방법은 그다음의 문제였어요. 물리적인 만남을 통한 관계 형성이 가르치고 배우는 과정에 있어 얼마나 중요한지 새삼 알게 되었다고 할까요.

Q

어떤 형태로든 온라인 수업이 확대될 가능성을 열어둔 상태에서 우리가 놓쳐서는 안 되는 것이 있을까요?

앞으로 교육부에서도 미래 교육과 관련해 온라인 교육을 코로나19 이후에도 유지하거나 확대하겠다고 발표했어요. 이에 대해서는 바람직한 부분도 있고, 또 조심스럽게 접근해야 할 부분도 있다고 생각합니다. 마치 온라인 교육이 정답인 것처럼 접근해서는 곤란하고 위험하며, 그것이 교육의 본질을 흔들 수도 있다고 생각해요. 다만 온라인 교육을 통해 지금까지 우리가 시도하지 않았던 새로운 성격의 교육이 부분적으로 적용될 수 있다고 봅니다.

예를 들어, 물리적으로 학교에 오기 어려운 학생들을 위한 교육을 지원하거나 도서벽지에 사는 아이들에게 학교와 지역을 벗어난 새로운 교육 경험을 제공한다든지, 다른 학교들과 교육과정을 공동으로 운영하는 공동 교육과정, 즉 고교학점제나 교육과정 클러스터 등을 필요에 따라 중학교 교육과정에서도 일부 적용한다든지 하는 방법입니다. 중학교에서는 실질적으로 학생이 선택 과목을 선택할 수 있는 여지가 없습니다. 온라인 수업을 통해 이런 한계가 조금이나마 개선될 수 있는 여지가 있다고 봅니다.

조금 더 논의를 발전시켜보면, 지금까지의 교육과정은 모든 아이들이 같은 공간에서, 같은 내용을, 같은 속도로 배우는 것이 우리가 아는 일반적인 상식, 즉 노멀Normal이었어요. 하지만 다른 공간, 다른 내용, 다른 속도로 가르치고 배우는 것이 학교 교육에서 뉴노멀 New Normal로 자리 잡는다면, 그때는 온라인 교육의 역할이 중요하리라 봅니다. 그럼에도 불구하고 다시 말씀드리지만 지금까지 우리가 해왔던 대면 기반의 교육 방식을 온라인으로 대체한다 혹은 온라인 교육이 더 미래지향적이다와 같은 접근 방식은 위험하다고 생각합니다.

Q

고교학점제와 같은 형태, 클러스터를 이용한 교육 인프라를 공유하는 방안 등에 대해 말씀했는데, 정도의 차이는 있겠지만 학교별로 적용할 수 있는 지점이 있다고 봅니다. 온라인 교육이라는 상황에서 초중고에 적절하게 적용하기 위해서는 무엇이 필요할까요?

먼저 두 가지를 말하고 싶어요. 하나는 '학습하는 방법의 학습'이고 다른 하나는 '시민성'에 관한 것입니다. 물론 초중고에 따라 수준과 방법의 측면에서는 분명 차이가 있을 겁니다. 하지만 내가 필요한 내용을, 그것을 제공할 수 있는 공간에서, 내가 필요할 때 배운다는 큰 틀에서 놓고 보면 '학습하는 방법을 학습하는 일'은 필수입니다. 많은 선생님이 이미 경험했겠지만, 대면 상황에서는 자신이 알고 이해하는 내용을 제대로 표현하지만 온라인 공간에서는 전혀 그렇지 못한 아이도 있고, 반대로 교실에서는 어려움이 있었지만 온라인 공간에서는 자신이 알고 있는 10을 15나 20으로 표현하는 아이도 있어요.

등교수업에서는 진도를 나가는 것이 중요하지만, 비대면 수업에서는 학습 과정을 점검하고 아이들이 무엇을 어떻게 해야 하는지 안내하는 과정이 반드시 필요합니다. 그런 이유로 '학습하는 방법의 학습, 즉 Learning to Learn'이 중요하다고 할 수 있어요. 사실 이 표현도 다분히 대면 상황을 가정했지만, 이제는 그 의미를 확장할 필요도 있다고 봅니다.

그렇다면 온라인 공간에서 학습하는 방법의 학습은 어떤 의미일까요? 내게 필요한 자료를 어디에서 어떻게 찾아야 하고, 어떤 공간에서 무엇을 어떻게 배워야 하고, 내가 이해한 것을 온라인 공간에서는 어떻게 표현하고, 교사가 제시하거나 다른 아이들이 표현한 학습의 결과를 어떻게 받아들여야 하는가가 온라인 공간에서 필요한 학습일 것입니다.

이와 함께 시민성 교육도 매우 중요하다고 봅니다. 팬데믹이 교육에 미친 치명타는 '함께 살아가며 서로 배우는' 과정을 잃어버리도록 한 것이 아닐까요. 온라인 수업에서의 상호작용과 공동체 경험은 아무리 노력해도 대면 수업을 따라갈 수는 없을 겁니다. 따라서 정서적으로나 사회적으로 고립된 아이들을 위해 학교가 무엇을 어떻게 해야 할 것인지에 대한 깊은 고민이 필요합니다.

또한 온라인 공간에서 일어나는 저작권 문제, 사이버 폭력, 서로 지켜야 하는 온라인 예절의 문제, 댓글을 달거나 메시지를 주고받을 때의 표현 방식 등을 비롯한 시민의식은 지금도 그렇지만 앞으로 더욱 중요하게 다루어져야 합니다.

Q

그렇다면 '학습하는 방법의 학습'은 어떤 방식으로 교육과정에 반영될 수 있을까요? 특정 교과의 차시나 단원의 내용으로 들어갈 수도 있고, 각 교과의 특성을 살리는 다양한 방식으로 접근할 수도 있을 것 같은데요.

 각각의 교과가 지닌 특성이 반영된 다양한 학습 방법이 교육과정에 통합되어야 한다는 의견에 대해서는 저도 동의합니다. 교과마다 각기 다른 특성을 고려해야 하는데, 어떤 교과는 하나의 단원으로 넣을 수도 있고, 특정 단원이 아니라 내용을 포괄하는 새로운 방법이나 영역에서 다룰 수도 있어요. 창의적인 체험 활동을 포함해서 말입니다. 국가 교육과정 문서보다는 학교 차원의 교육과정에 명시하거나 교사가 교육과정을 실행하는 방식, 즉 수업을 하는 상황에 이와 같은 내용을 고려하도록 방향을 설정하는 게 낫다고 생각합니다.

이와는 방향이 조금 다를 수도 있겠지만, 국가 교육과정 문서를 보면 교수·학습 방법에 대한 내용이 실제적인 효력을 잃어버린 느낌입니다. 교사들 가운데 국가 교육과정 문서에 제시된 교수 · 학습 방법을 참고해서 수업을 하는 분은 많지 않다고 봅니다. 바꿔 말하면 교과 간 내용의 연계성을 고려해서 지도한다, 능동적으로 수업에 참여하고 자신의 생각을 표현하는 기회를 가질 수 있도록 토의·토론 학습을 활성화한다 등 국가 교육과정 문서에 명시된 내용은 이미 학교 현장에서는 널리 활용되고 있는 방법이기도 합니다.

이번에 개정되는 교육과정에서는 교수·학습 방법에 관해 누구나 알고 있는 내용보다는 온오프라인 수업이 혼재된 상황에서의 교수·학습 방법에 대한 방안이 반드시 포함되어야 합니다. 물론 국가 교육과정 문서에 모든 내용을 담을 수는 없지만, 최소한의 가이드라인은 안내하고 제공할 필요가 있다고 봅니다.

☑ 고교학점제와 그 운영 방안

고교학점제는 학생들이 진로에 따라 다양한 과목을 선택하고 이수하여, 그 누적 학점이 일정한 기준에 도달할 경우 졸업을 인정받는 제도를 말합니다. 지금까지 고등학생들은 국가에서 만들어 학교에 적용하는 '주어진 교육과정'에 따라 학교생활을 했습니다. 예를 들어, 현재의 2015 개정 교육과정에 따르면 일반 고등학교와 특수 목적 고등학교의 교과는 기초, 탐구, 체육·예술, 생활·교양이라는 4개의 교과 영역, 각 교과 영역별 교과(군) 그리고 각 교과(군)로 필수 이수 단위가 지정된 공통 과목을 이수해야 했습니다. 그러나 이처럼 획일적인 교육과정을 통해서는 학생의 학습 동기와 흥미를 유발하기 어렵습니다. 또한, 입시 위주의 무한 경쟁으로 인해 고등학교 교육과정이 왜곡되어 온 것도 사실입니다.

학생들은 저마다 배움의 속도가 다르고, 학습의 목표도 다르며, 계획하고 있는 진로와 진학의 경로가 다릅니다. 오직 대학 입시를 향해 과도한 경쟁을 해온 지금까지의 고등학교 교육에서 벗어나, 학생 개개인을 존중하고 그들이 주도적으로 설계하는 학교 교육을 실현하려는 정책이 바로 고교학점제입니다.

고교학점제가 도입되면 학교는 영역별, 단계별 선택이 가능한 학점 기반의 교육과정을 만들고, 진로와 학업 설계를 위한 상담과 안내를 실시하며, 학생들은 자신의 진로에 맞는 과목을 선택(수강신청)하여 수업에 참여하게 됩니다. 평가를 통해 이수와 미이수가 결정되는데, 과목별로 설정된 성취 기준에 도달하면 이수, 즉 학점을 취득하게 되고, 이 학점들이 누적되어 졸업 요건을 충족하게 되면 고등학교를 졸업하게 됩니다. 현재 여러 연구선도학교에서 고교학점제를 시범 적용하고 있으며, 2025년이 되면 전국의 모든 고등학교에 시행되어 2020년 현재 초등학교 5학년 학생들이 처음으로 학점제의 적용을 받게 됩니다.

고교학점제의 취지를 충실히 살리려면 학생들이 필요로 하고 희망하는 과목을 최대한 수용하여 개설해야 합니다. 그러나 개별 학교가 학생들의 모든 요구를 수용하기란 현실적으로 불가능합니다. 과목당 학생의 수도 균형 있게 배분해야 하고, 다양한 과목을 가르칠 수 있는 교사와 강사도 확보해야 합니다. 따라서 고교학점제를 내실 있게 운영하기 위해 개별학교를 넘어서는 교육과정의 편성과 운영 방안이 연구되고 있습니다.

여기에는 둘 이상의 학교가 일부 과목을 공동으로 개설 및 운영하는 방안(학교 간 공동 교육과정, 지역에 따라 '교육과정 클러스터'라 부르기도 함), 학교가 지역사회와 연계하여 교육과정을 운영하는 방안(공공기관, 지역사회 전문가 등과의 협력), 지역의 인근 대학과 연계하여 과목을 개설하는 방안 등이 있습니다.

고교학점제는 학교와 교사만의 노력으로는 실현되기 어렵고, 다양한 교육 공동체와 구성원 간의 협력, 더 나아가 지역과 사회가 함께 노력할 때 가능할 것입니다. 보다 자세한 정보는 교육부에서 운영하는 고교학점제 홈페이지(www.hscredit.kr)를 참고하세요. ❋

코로나가 남긴
새로운 숙제

Q

팬데믹은 교육적인 입장에서 위기가 분명하지만, 역설적으로 또 다른 의미에서는 다시 힘을 모으는 기회일 수도 있다는 생각이 듭니다. 교육과정을 운영하는 데 있어 학교나 교사가 이것만은 놓치지 않았으면 좋겠다는 것과 학교와 교사들이 반드시 기억해야 할 것은 무엇인지 당부의 말씀 부탁합니다.

교육개혁이나 교육과정의 개정과 관련된 논의를 할 때 빠지지 않고 등장하는 주제가 '입시가 바뀌지 않는 상황에서 교육과정이 바뀌는 것이 무슨 의미가 있는가'입니다. 일면 그 말에 동의하는 부분도 있지만, 저는 반대로 묻고 싶습니다.

'그렇다면 입시 체제가 많은 이들이 원하는 대로 확 바뀌었다고 해보자. 경쟁과 서열화를 넘어 개인과 공동체의 성장을 가치 있게 여기고, 자아실현을 지원하는 방식으로 전체적인 평가 시스템이 바뀌었다고 가정해보자. 그렇다면 그때 가서 학교 현장에서 교육과정을 어떻게 바꿔야 하고 무엇을 해야 하는지 논의하는 것은 이미 늦은 게 아닌가?' 하고 말입니다.

방식이 어떻든 교육을 바람직한 방향으로 개혁하고자 하는 노력은 거시적인 차원과 미시적인 차원, 제도나 정책 수준에서의 노력, 학교라는 교육 현장에서의 노력이 모두 맞물려야 한다고 생각합니다. 그런데 코로나19로 인해 이런 상황이 조금 더 앞당겨졌을 뿐, 국가 교육과정이 가지고 있는 획일성과 경직성에는 그동안 끊임없이 작은 균열이 발생해왔어요. 국가 전체가, 모든 학교가 하나의 공통된 가이드라인에 따라 똑같이 움직이기에는 다양한 규모와 특성을 지닌 학교와 학생이 너무나 많습니다.

예를 들어, 지방의 작은 학교의 경우 학년군이 제대로 작동하지 않기도 해요. 교육과정상 초등학교 3, 4학년이 하나의 학년군으로 묶여 있지만, 3학년을 다니는 아이가 아예 없기도 합니다. 어떤 학교는 과반수의 학생이 다문화가정 자녀라서 한국어 능력이 현저히 부족하기도 합니다. 이런 경우는 국가 교육과정이 도저히 담을 수 없는 다양성에 속합니다. 부득이하게 국가 교육과정이 간소화되고 생략될 수밖에 없어요. 그런데 팬데믹이 이와 같은 흐름을 가속화시켰습니다. 그런 점에서 앞으로 국가 교육과정과 관련한 학교와 교사의 자율성이 보다 확대되고, 지역과 단위 학교의 권한이 더 커질 필요가 있다고 생각합니다.

지금은 특정 지역에만 국한되겠지만, 일부 교육청에서는 학교 수준에 맞는 교과목을 새롭게 만들 수 있도록 자율적인 수업 시수를 배정하는 방법도 시도하고 있어요. 앞으로는 이런 시도가 일반적인 것이 될 수 있습니다. 정부가 교과(군)의 배당 시수를 정하지 않고 자율적으로 지역과 학교 수준에서 편성 및 운영을 하도록 권한을 위임했을 때 '학교에서 교과목을 만든다고 하는데, 어떻게 해야 하지?' 하고 묻는다면 그때는 이미 늦지 않을까요. 정부가 학교에 자율권을 부여하는 방향으로 나아가고자 할 때, 학교에서는 그 자율권을 어떻게 활용하고 운용할 것인지 지금부터라도 깊이 고민해야 한다고 생각합니다.

학교와 교사의 자율권이 확대될 것을 대비해 교사들은 교육과정의 어떤 부분을 구체적으로 고민해야 할까요?

교육과정의 관점에서 좀 더 구체적으로 이야기를 해보겠습니다. 교육과정의 재구성, 나아가 교육과정의 생성, 교사별 교육과정의 관점에서 보면 교사들은 먼저 '나만의 교육과정'에 대해 고민해야 합니다. 어찌 보면 교사로서 경력이 쌓인다는 말은 나만의 교육과정을 만들어가는 과정이라 할 수 있어요. 어떤 성취 기준을 다루기 위한 나만의 노하우와 방법, 교과서에 있는 내용을 의미 있게 다룰 줄 알면서 그 내용을 재해석하고 재구성하는 과정을 통해 의미 있는 방식으로 가르칠 수 있는 능력 등이 갖

쳐져야만 자율권의 확대가 보다 큰 의미를 지닐 수 있다고 생각해요. 한 가지 선생님들께 당부드리고 싶은 것은 교육과정 총론 문서를 꼼꼼히 읽어보라는 것입니다. 초등의 경우 교과 교육과정과 창의적 체험 활동 교육과정, 중등의 경우 담당하는 교과의 교육과정과 더불어 연계 교과의 교육과정 문서도 읽어보기를 당부합니다. 교육과정이 개정되면 교육과정에 관한 자료를 통해 개정된 내용을 이해하는 경우가 많으므로, 교육과정의 문서 자체를 반드시 확인해보면 좋겠습니다. 실제로 교육과정 총론은 우리가 실천하는 모든 교육 행위의 근간이 되는 내용이기도 합니다.

학교 교육과정과 학년 교육과정을 가리켜 흔히 '만들어가는 교육과정'이라고 합니다. 하지만 실상은 새로운 학년이 시작하기 전에 이미 '만들어놓은 교육과정'입니다. 그런 점에서 계획으로써의 교육과정이 아니라 결과로써의 교육과정이면 좋겠다는 생각도 해봅니다. 지난 1~2월에 학년 교육과정을 다 만들어놨는데, 코로나19가 발생하면서 개학이 연기되고, 온라인 개학을 하다 보니 교육과정을 계속해서 고쳐야 했어요. 특히 수업 시수를 조정하느라 최소 대여섯 번씩은 고쳐야 했습니다. 계획서였기 때문에 그랬습니다. 학교 교육과정, 학년 교육과정을 결과 보고서로 전환해보면 이런 문제는 해소되지 않을까 생각해봅니다. 그래야만 '만들어가는 교육과정'의 취지를 제대로 살릴 수 있을 테니까요.

Q

어떤 사회적 문제가 일어나면 사회가 학교를 비난하는 경우가 많습니다. 이번 코로나 사태가 어느 정도 안정되고 나면 교육에 대한 비난의 화살이 학교로 날아오지 않을까 우려되기도 합니다. 현재 우리가 직면한 위기 상황을 어떻게 극복해 나갈 수 있는지 선생님의 생각이 궁금합니다.

미국 교육개혁의 역사를 다룬 『학교 없는 교육개혁*』이라는 책이 있습니다. 이 책에서는 학교와 사회 간의 관계를 이야기하면서 학교가 사회를 바꾸는 수단인지, 아니면 반대로 사회가 학교를 바꾸는지 묻고 있어요. 이 책의 저자들은 그동안 우리 사회가 너무 쉽게 교육을 탓해왔다고 이야기합니다. 어떤 사회적 문제가 발생했을 때 우리 사회는 학교 교육이 잘못되었기 때문에 이런 문제가 발생했다라고 비난하는 것을 주저하지 않았다는 것입니다. 사회로부터 쏟아지는 비난에 대해 학교는 과연 누구에게 하소연할 수 있을까요.

제가 학교에서 오랫동안 근무하다 대학으로 자리를 옮기고 보니, 적어도 코로나19 상황에서는 전반적으로 대학이 유연하게 대처했다는 생각이 들어요. 정도의 차이는 있겠지만, 학교보다 대학에서 효

---

* 학교 없는 교육개혁 미국에서 이뤄진 교육개혁에 대한 경험을 소개한 책이다. 학교가 사회를 바꾼다는 것의 의미와 학교 교육의 변화를 위해 어떤 노력을 해야 하는지 등의 내용이 담겨 있다. 학교 안으로부터의 개혁을 강조하며 교사들의 참여를 독려한다.

율적으로 대처할 수 있었던 이유에는 이미 대학마다 갖추어진 학습관리시스템LMS*이 결정적인 작용을 했다고 봅니다. 제가 재직 중인 대학에도 LMS가 구축된 지 꽤 되었고, 코로나19 이전에도 활발하게 사용해왔습니다.

요즘 자주 언급되는 플립 러닝Flipped Learning(온라인으로 선행학습을 한 다음 오프라인으로 교수와 토론식 강의를 진행하는 '역진행 수업 방식')이나 블렌디드 러닝Blended Learning(정규 교육 프로그램 중 부분적으로 온라인 미디어를 통해 학습과 지도 내용을 전달하는 형식으로 학생이 언제, 어디서, 어떤 순서와 속도로 학습을 진행할 것인지 결정하는 학습 형태)도 대학에 도입된 지 이미 여러 해 되었어요. 강의 영상을 촬영할 수 있는 장비와 시설도 갖추어져 있고, 영상을 촬영하면 LMS에 연동해 탑재할 수 있는 서버와 시스템도 구축되어 있어요. 학생들이 영상을 시청하면 자동으로 출석 체크가 되고, LMS에서 과제와 시험도 부여하고 채점도 가능합니다.

지금 제가 말씀드린 내용이 학교에서 온라인 개학을 맞았을 때 실질적으로 어려움을 겪었던 부분입니다. 코로나19 사태가 터지자 초반에는 대학도 학교와 마찬가지로 좌충우돌했지만, 온라인 강의 영상을 찍어서 올리고, 학생들이 접속해서 강의를 듣는 일련의 과정에서 시스템 상의 지원이 결정적인 작용을 했기 때문에 빨리 안정을

---

* 학습관리시스템LMS(Learning Management System) 온라인으로 학생들의 성적과 진도, 출석 등 학사 전반에 대한 사항을 관리해주는 시스템이다. 학습 콘텐츠의 개발과 전달, 평가, 관리에 이르기까지 학습의 전반적인 과정을 통합적으로 운영 및 관리할 수 있다. 학교는 물론 기업과 공공기관에서도 사용된다.

찾을 수 있었습니다. 그러다 보니 교수들이 교사들에 비해 에너지 소모가 한결 덜했다고 생각합니다. 물론 온라인 개강에 따른 학생들의 불만이 없는 것은 아니지만, 가르치는 입장에서 큰 어려움 없이 지난 한 해를 지나올 수 있었던 것은 시스템이 제대로 갖추어졌기 때문입니다.

온라인 수업을 확대하려면 먼저 모든 학교에 LMS부터 도입되어야 합니다. 선생님들이 다양한 유형의 온라인 수업을 할 수 있는 환경이 조성된 다음 수업 내용이 어떻다, 수준이 어떻다를 이야기해야지, 환경도 제대로 갖추어지지 않은 상태에서 내용과 수준을 이야기하는 것은 곤란하지 않을까요. 이번 코로나19를 계기로 학교에서든, 교육청 수준에서든 LMS가 하루빨리 구축되어야 한다고 생각합니다.

아이들에게 학교는 원래 이런 곳이 아니다.

배움은 함께할 때 의미가 있고 즐겁다,

어우러져 사는 삶이 행복하다는 가르침을

계속해서 줄 수 있어야 한다고 봅니다.

교육은 사람과 사람이 만나 부대끼는 과정에서

이루어진다는 사실을 모두 느낄 수 있었으면 좋겠어요.

현재의 어려운 상황이 오히려 지금까지의 교육이

얼마나 가치 있고 의미가 있었는지

학교 밖 사회가 아는 계기가 되기를 바랍니다.

팬데믹이 끝난 후에도
고민해야 할 교육의 본질

Q

교육과정의 관점에서 조금 더 구체적인 이야기를 듣고 싶습니다. 앞으로 학교의 교육과정은 무엇에 중점을 두어야 할까요?

저는 '시민성'과 '생태교육'을 강조하고 싶습니다. 앞서 잠시 언급했지만 사회가 양극화되고 극단적인 개인주의가 팽배한 상황에서 시민성은 그 어느 때보다 중요해졌습니다. 생태계에 대해서는 우리가 지금까지 알고 해왔던 환경교육에 그치지 않고, 기후변화와 재해재난, 감염병의 세계적인 유행 등 우리가 살고 있는 지구 환경의 변화까지 생각할 수 있는 생태교육이 매우 시급하다고 생각합니다. 우리가 살아가는 지구를 돌보는 것은 결국 우리 자신을 돌보는 것이기 때문에 시민성과 생태교육은 어느 특정 교과에 국한되는 주제는 아닙니다.

지금까지 도덕과 윤리의식을 가르치고 배웠지만, 여행지나 관광명소의 쓰레기 문제를 다루는 뉴스를 보면, 우리 교육이 정작 쓰레기 하나도 제대로 처리하지 못하는 사회인을 키운 게 아닌가 되돌아보게 됩니다. 이는 제3세계의 난민이나 아프리카대륙의 기아 문제처럼 나와 멀리 떨어져 있는 주제가 아니라 '지금 그리고 여기Here and Now'를 함께 살아가는 시민으로서의 됨됨이, 즉 일상에서 다른 사람과 더불어 시민으로 살아갈 때의 삶의 자세라고 생각합니다.

이렇게 보면 시민성과 생태교육은 서로 연결되어 있습니다. 앞의 질문에서도 언급했듯이 사회적 문제가 일어났을 때 학교를 비난하는 경우가 있는데, 사실 모든 것이 학교만의 문제라고 보기는 어려워요. 교육은 학교와 가정, 부모가 함께 노력해서 만들어가는 것이며, 시민성 교육과 생태교육 역시 가정과 사회의 참여 없이는 결코 이루어질 수 없다고 생각합니다.

Q

팬데믹이 끝난 이후 우리 사회는 어떤 모습으로 돌아갈까요? 어떤 것은 일시적인 영향을 끼치고 사라지기도 할 테고, 어떤 것은 사회가 다시 안정화된 이후에도 계속해서 영향력을 발휘하며 변화를 가져오기도 할 겁니다.

어렵지만 좋은 질문입니다. 이 사회에 오래 남아 영향을 미칠 것과 일시적인 영향을 주는 것이 무엇인지 지금 당장 답하기는 쉽지 않아요. 이에 대해서는 함께 고민해봐야 할 것입니다.

코로나19가 학교 교육에 가져온 가장 큰 변화는 선생님들의 수업이 학교 담장 밖으로 공개되었다는 사실입니다. 이 말은 수업이 공개되는 순간 비교가 가능하다는 겁니다. 지금 당장 '사립학교에서는 이렇게 하는데, 왜 공립학교에서는 다르게 하나요?' '옆 학교, 옆 반 선생님은 이렇게 하는데 왜 우리 학교, 우리 선생님은 그렇게 하지 않나요?' 하는 요구가 빗발치고 있어요.

코로나19가 종식되더라도 학교와 교실 문을 열라는 요구는 어떤 형태로든 계속되지 않을까 생각하며, 제 입장에서는 그런 부분이 우려되기도 합니다. 예를 들어, 지금도 유치원과 어린이집에서는 CCTV 설치 문제가 첨예한 이슈가 되고 있어요. 법적으로는 이미 설치가 의무화되었습니다. 물론 보관과 열람 절차가 까다로워 아무나 쉽게 접근할 수는 없지만 CCTV의 존재 자체가 교사들을 감시하는 기능을 하기 때문에 교육활동이 크게 위축될 수 있어요. 범죄를 예방하는 효과 등을 이유로 강력하게 요구하는 입장도 있지만, 저는 교육적으로는 그다지 바람직하지 않다고 봅니다.

팬데믹과 같은 위기 상황이 교육의 본질에 대해 고민해볼 수 있는 기회가 되었다는 의견에 대해서는, 이 상황이 끝나면 오히려 교육의 본질로 돌아가려는 노력이 매우 중요하지 않을까 생각합니다. 교사와 학교, 교육 당국이 이 부분에 관심을 갖고 에너지를 쏟아야 할 것입니다.

예를 들어, 정상적인 학교생활을 경험하지 못한 초등학교 1학년 아이들에게 학교는 원래 이런 곳이 아니다. 배움은 함께할 때 의미가 있고 즐겁다. 어우러져 사는 삶이 행복하다는 가르침을 계속해서 줄 수 있어야 한다고 봅니다.

교육은 사람과 사람이 만나 부대끼는 과정에서 이루어진다는 사실을 모두가 느낄 수 있었으면 좋겠어요. 현재의 어려운 상황이 오히려 지금까지의 교육이 얼마나 가치 있고 의미가 있었는지 학교 밖 사회가 아는 계기가 되기를 바랍니다.

학부모가 묻고 선생님이 답하다

Q&A

Q 코로나19 이전과 이후의 교육과정이나 교육 정책에서 가장 큰 변화는 무엇이며, 학부모 입장에서 이런 흐름에 대비하여 준비할 것은 무엇일까요?

A 코로나19 이후의 교육과정과 관련해서 예상되는 가장 큰 변화는 온라인 학습이 변수가 아니라 상수가 된다는 점입니다. 코로나19가 종식되더라도 온라인 수업을 중단하고 과거로 돌아가는 것이 아니라 앞으로 계속 나아가겠다는 정부의 발표가 있었습니다. 2021학년도 이후에도 온라인 수업은 어떤 형태로든 유지될 예정입니다. 이미 다음 국가 교육과정을 위한 연구가 시작되었고, 이 연구에는 온라인 공간에서 이뤄지는 다양한 수업 방법은 무엇인지, 온라인에서는 학습 성취도를 어떻게 평가할 것인지, 온라인 수업에 따른 학습 격차는 어떻게 해소할 것인지 등에 관한 내용이 포함되어 있습니다.

많은 학부모가 온라인 수업이 일상화되면 선생님에 따라 차이가 있는 수업의 방식과 수준에 어떻게 대응해야 할지 염려스러울 것입니다. 지난 1년간의 경험에 비춰볼 때, 온라인 수업에서 만족도가 높은 학부모와 그렇지 못한 학부모의 차이는 교사가 자녀의 학습과 삶을 잘 돌보고 있다는 느낌을 받았느냐, 그렇지 못했느냐에 있었습니다. 모든 선생님이 모든 학생들의 필요를 채워주면 좋겠지만, 현실적으로 그것이 어렵다면 학부모도 함께 부족한 부분을 채워주려는 노력을 해야 할 것입니다.

우선, 아이들이 스스로 시간을 잘 관리하는 습관을 갖도록 지도해주세요. 제 시간에 일어나 컴퓨터 앞에 앉는 것이 얼마나 힘든지 경험을 통해 잘 아실 겁니다. 시작하는 시간에 정확히 시작하고, 주어진 시간에 마치는 일은 단순해 보이지만 결코 쉽지 않아요. 그래서 이런 습관은 어릴 때부터 잘 형성되어야 합니다.

둘째, 기초적이고 기본적인 학습이 제대로 이뤄지고 있는지 확인해주세요. 이 또한 어릴수록, 그러니까 초등학교 저학년 시기일수록 매우 중요합니다. 또한 모든 학교급(초등학교, 중학교, 고등학교)과 모든 학년에 적용되는 사항입니다. 초등학교 저학년은 읽기와 쓰기가 잘되는지 살펴보시기 바랍니다. 어떤 학년이든 수업 진도를 놓치지 않고 잘 따라가고 있는지, 과제는 제때 제출하는지 기본적인 습관을 확인하는 것이 가장 중요합니다.

마지막으로, 아이의 학습 능력이 온라인에서도 제대로 발휘되는지 잘 살펴보세요. 간혹 대면 수업에서는 우수한 아이가 온라인에서는 자신의 역량과 능력을 충분히 드러내지 못하는 경우가 있기 때문입니다. 아이의 학습 능력이 온라인 공간에서도 제대로 발휘될 수 있는 방법을 찾는 것이 중요합니다. 다만 특정한 방법을 가르쳐주기보다 자녀와 함께 대화를 통해 고민하고 찾아가는 것이 좋습니다. 또한 매일은 아니더라도, 한 번씩 아이가 수업하는 모습을 곁에서 지켜보며 확인하는 것이 좋습니다.

지금으로부터 약 한 세기 반 전, 그러니까 근대 교육이 출현하기 전까지 자녀 교육은 원래 가정의 역할이었습니다. 사회가 근대화되고 지금과 같은 교육기관이 생겨나면서 그 책임을 학교에 '위탁'했던 것입니다. 코로나19는 가정 고유의 자녀 교육 기능, 즉 아이에 대한 교육의 책임이 일차적으로는 부모에게 있음을 다시 일깨워주었다고 봅니다. 학부모들이 우리 아이들에 대한 책임이 비단 학교뿐만 아니라 가정에도 있다는 사실을 한 번쯤은 생각해보았으면 좋겠습니다. 우리 아이들은 소중하니까요. ✽

PART 3

팬데믹 시대에
1학년이 된 아이들

2020년도에 초등학교에 입학한 1학년 아이들은 입학식도 온라인으로 치렀고 학교에도 오랫동안 등교하지 못했습니다. 많은 사람들이 팬데믹으로 인한 가장 안타까운 경우로 초등학교 1학년 아이들을 이야기하기도 합니다. 아직 한글도 제대로 깨치지 못한 아이들과 교사는 어떻게 온라인 수업을 진행할 수 있었을까요? 1학년 담임을 맡은 선생님과의 인터뷰를 통해 2020년의 1학년 교실을 들여다보고자 합니다. 전쟁과 같은 시간을 보내고 나서 깨달은 점에 대해서도 이야기해봅니다.

이상수 선생님

경북 포항의 작은 농촌 마을에서 태어나 부산에서 자랐습니다. 어린 시절 온종일 산과 들로 다니며 놀았고, 방학이면 할머니 댁에서 시골 생활을 만끽했습니다. 어릴 적 마음껏 놀아본 경험이 아이들을 가르치는 열정의 자양분이 되었습니다. 한동대 교육대학원에서 석사학위를, 아주대학교 대학원에서 평생교육 전공으로 박사학위를 받았습니다. 1993년 경기도 의왕 부곡초등학교에서 교직을 시작해 2008년부터 현재까지 수원 중앙기독초등학교에서 아이들과 함께 배우고 있습니다. 교육실천이음연구소의 연구원으로 교사의 자율성, 자기돌봄과 성장, 교사공동체에 대해 연구 및 실천하고 있습니다.

팬데믹 상황 속
1학년 교실의 모습

선생님은 현재 1학년 담임교사로 근무하고 있습니다. 입학식도 제대로 못했고, 한글도 깨치지 못한 아이들과 어떻게 온라인 수업을 진행했나요? 2020년 3월을 어떻게 보냈는지 듣고 싶습니다.

초등 1학년은 가정에서 사회로 나오는 첫 관문이라 할 수 있어요. 학교에 잘 적응하는 것이 무엇보다 중요합니다. 선생님들은 아이들이 안정적으로 학교생활에 잘 정착할 수 있도록 신경을 많이 씁니다. 보육에서 교육으로 넘어가는 시기라 더욱 그럴 겁니다. 아이들이 자연스럽게 학교에 적응할 수 있도록 입학식부터 일련의 과정을 세심하게 준비합니다.

우리 학교는 코로나19로 개학 연기를 결정한 3월 첫째 주부터 온라인 수업을 하기 시작했어요. 이렇게 빠른 결정을 할 수 있었던 것은 2월 중순부터 사회적 추이를 살피면서 발 빠르게 준비했기 때문이지 않았나 싶습니다. 온라인 수업을 하려면 그전에 많은 준비 작업이 필요합니다. 저는 먼저 학부모들에게 개별적으로 연락을 했습니다. 학교의 공식적인 소통 채널로 네이버 밴드를 사용하고 있어서 우리 학급의 밴드도 만들었어요. 학습 꾸러미*를 나눠주어 가정에서 온라인 수업을 할 수 있도록 차근차근 준비했습니다.

Q

교사들은 보통 개학을 앞두고 어떤 준비를 하나요?

우리 학교는 학년 배정을 일찍 하는 편입니다. 추석 무렵부터 교사들의 신청을 받아 12월 중순이면 다음 해 학년 배정을 모두 마쳐요. 제가 근무하는 학교의 장점이라 할 수 있습니다. 이렇게 학년 배정을 일찍 하는 편이라 같은 학년 선생님들과 함께 교육과정을 구상하고, 미리 역할 분담을 합니다. 그다음에는 각자 학급 운영을 어떻게 할 것인지 계획하고 준비합니다. 1학년의 경우 입학원서를 미리 검토하면서 학생들의 얼굴과 이름을 외우고 아이들을 맞을 준비를 해요.

* 학습 꾸러미 온라인 수업을 할 때 학생들이 가정에서 학습을 할 수 있도록 수업에 필요한 준비물을 한 꾸러미 안에 넣어서 전달하는 것. 예를 들어 색종이, 도화지, 붓펜, 과학 실험도구, 그 외 수업 활동에 필요한 학습 도구들이 있다.

Q

1학년 담임은 주로 어떤 선생님이 담당하는지 많은 학부모들이 궁금해합니다. 특별한 기준이 있나요?

아무래도 1학년 신입생들의 부모들은 자녀와 교육활동에 관심이 많아요. 학교에서 가장 어린 아이들을 원만하게 이끌고 지도하는 게 쉽지 않기 때문에 주로 경력이 많은 교사들이 1학년 담임으로 포진해 있습니다.

우리 학교는 학년군에 맞춰 연임하는데, 이는 공립학교와는 조금 다른 시스템이죠. 1, 2학년과 3, 4학년은 연임을 하기 때문에 1학년 반 그대로 2학년으로 올라갑니다. 3, 4학년도 마찬가지입니다. 5, 6학년만 1년 단위로 반을 새롭게 배정해요.

Q

교육부에서 온라인 개학을 결정한 이후 여름방학을 맞기까지 선생님이 근무 중인 학교에서는 어떤 과정을 거쳐왔나요?

모두가 처음 경험해보는 상황이라 온라인 수업의 형태가 계속 바뀌었어요. 지난해 3월에는 처음 학급 밴드에 수업 안내 글과 영상을 올리고 온라인 수업을 시작했어요. 그리고 아침에 화상으로 조회를 하는 정도였어요. 아이들과 이런저런 이야기를 나누는 40분 동안 줌Zoom*을 이용했습니다. 매일 아이들과 줌 수업을 마치면 바로 이어서 5~10분 정도 이야기를 나누면서 학부모들의 피드백을 받았어요. 학부모와 소통하면서 수업은 조금씩 안정을 찾아갈 수 있었습니다.

그러다 4월 즈음부터는 등교 인원을 제한하라는 지침이 내려왔어요. 학급의 밀집도를 낮추기 위해 정원의 2분의 1씩 오전과 오후 반으로 나눠 매일 등교를 했습니다. 오전반은 3시간 수업 후 점심을 먹고 집으로 가고, 오후반은 학교에 와서 점심을 먹고 3시간 수업을 하고 하교하는 형태였어요. 6월과 7월에는 2주 등교 수업, 1주 온라인 수업을 병행하는 체제로 안정되었다가 그 후 오전, 오후 반으로 매일 등교하며 여름방학을 맞았습니다.

Q

2학기에는 어떤 변화가 있었나요? 1학기와 달라진 점도 있었는지요.

1학기 때의 경험을 바탕으로 온라인 수업을 조금씩 개선할 수 있었어요. 아이들도 오전, 오후 반이지만 학교에 다닌 경험도 생겼고요. 교사들도 아이들을 어느 정도 파악

* 줌 ZOOM(www.zoom.us) 대표적인 실시간 온라인 수업 플랫폼으로 모바일, 데스크톱 및 회의실 시스템에서 비디오 및 오디오 회의, 채팅 등을 안전하고 편리하게 진행할 수 있다. 많은 학교에서 이 플랫폼을 이용해 온라인 수업을 진행하고 있다.

했고, 경험치가 쌓이다 보니 2학기는 전면 등교를 할 수 있겠다는 생각도 했습니다. 그런데 2학기를 시작하고 하루 만에 확진자가 늘어나자 정부에서 전면 온라인 수업을 하라는 지침을 내렸습니다. 그때는 우리 학교도 모든 수업을 온라인 수업으로 전환할 수밖에 없었어요.

그 기간에 학급별 학부모 간담회를 온라인 상태에서 열고 1학기에 대한 평가와 피드백을 받았습니다. 학급별 학부모 간담회를 통해 좀 더 정확한 피드백을 받아보자는 취지였어요. 학부모들의 여러 가지 피드백과 요청이 있었습니다. 어떤 학부모는 수업이 너무 짧다는 의견을 냈고, 반면에 수업 시간이 적절했다는 의견도 많았어요.

온라인 수업은 아무래도 아이들의 집중도가 떨어지기 때문에 모든 수업을 1시간 이내에 끝날 수 있게 설정했습니다. 1학년 아이들은 특히 집중할 수 있는 시간이 더 짧기 때문에 그 부분을 고려한 결정이었습니다. 월·화·목요일은 6교시, 수요일은 3교시, 금요일은 5교시로 수업을 진행했는데, 1차시 수업은 10분 내외로, 2차시 블럭 수업은 15~20분 정도의 영상을 제공했습니다.

온라인 수업의
형태를 바꿔나가다

Q

온라인 수업에 대한 학부모들의 반응은 어땠나요? 교사들의 입장에서는 학부모들의 반응에 신경쓸 수밖에 없을 텐데요.

대체로 학부모들의 만족도가 높았어요. 하지만 어떤 학부모는 1학년 아이들에게 이런 온라인 수업이 무슨 도움이 되겠냐는 말씀도 하더군요. 또 다른 학부모는 온라인 수업을 실제 수업 시간만큼 길게 해달라는 요청을 했습니다.

학급별 학부모 간담회에서 주고받은 의견을 가지고 교사들이 회의를 했는데, 오랜 논의 끝에 일부 의견은 받아들였어요. 이 과정을 통해 어떻게 하면 1학년 아이들을 구체적으로 도울 수 있을지 기준을 마련했다고 할 수 있습니다.

한 학급에 스물여덟 명의 아이들이 동시에 접속한 상황에서 수업을 이끌어간다는 게 교사 입장에서도 정말 힘들지만, 사실 아이들의 입장에서도 마찬가지로 무척 고된 일일 것입니다. 그래서 수업 시간이 길어질수록 집중도가 떨어집니다. 학부모들은 짧은 시간이라도 개별적인 지도를 요청했는데, 그때 저는 '아, 이게 학부모의 마음이구나!' 라고 생각했습니다. 학부모들은 교사와 아이가 일대일로 만나기를 원하고 있었습니다.

그렇다면 학부모들의 마음을 반영하는 변화가 있었나요?

교사들도 새로운 변화를 모색하기 시작했습니다. 동료 교사 한 분은 줌 수업도 학급을 두 그룹으로 나누고 시간을 달리해서 같은 수업을 두 번씩 했어요. 그런데 이게 생각만큼 쉬운 일은 아닙니다. 저는 기존의 온라인 수업에 소그룹 시간을 추가하는 쪽을 선택했어요. 교사인 저도 1학년 아이들과 줌 수업을 40분간 하고 나면 굉장히 힘이 드는데, 아이들은 얼마나 힘들겠어요. 뭔가 새로운 방법을 찾아봐야겠다는 고민을 하게 되었고, 줌 수업을 실제 수업 시간대로 4~6시간 동안 계속 진행하는 것은 무리라고 판단했어요.

그래서 과제 제시형 수업 영상을 차시별로 밴드에 올리고, 이것과 연동시켜 줌 수업을 1시간 동안 하기로 했어요. 아이들은 밴드의 영상으로 공부한 다음 줌 수업에 참여하는 거죠. 줌 수업에서는 수업 안내, 아이들의 발표, 소그룹 활동 등을 진행했어요. 영상으로 제공한 수업과 줌 수업이 유기적으로 돌아갈 수 있게 구조화한 겁니다. 그리고 전체 줌 수업이 끝나면 아이들을 네 명씩 남겨서 소그룹 수업을 진행했어요. 이때는 아이들 모두 마이크를 켰는데도 차분히 수업에 임하더군요. 이렇게 2주 정도 진행했는데 상당히 효과적이었어요.

Q

온라인 수업의 형태가 계속 진화한 셈이네요. 실제 수업 시간은 구체적으로 어떻게 나눠졌나요?

오전 9시에 과제 제시형 수업 영상을 밴드에 올리고, 10시부터 11시까지 줌으로 학급 전체 수업을 합니다. 이때는 수업 안내, 발표, 소그룹 나눔, 전체 나눔 등으로 수업을 진행하고, 하루 일과를 끝냅니다. 그다음에는 순서를 정해서 11시부터 15분 동안 한 모둠씩 소그룹 수업을 합니다. 이렇게 수업이 안정되기 시작하자, 교과전담교사도 줌 수업에 참여하기 시작했어요. 일주일에 세 번씩 음악, 체육, 독서 전담교사가 담임교사와 함께 줌 수업을 진행하니 아이들이 새로운 분위기에서 수업을 할 수 있어 좋았습니다.

또한 소그룹으로 수업을 할 때는 아이들이 겪고 있는 어려움이나 개인적인 이야기를 나누었어요. 이때 아이들과의 개인적인 만남을 통해 비록 온라인에서였지만 아이들과 친밀한 관계를 맺을 수 있었던 같습니다.

　온라인 수업은 이런 모습으로 완전히 자리를 잡았습니다. 밴드에 올리는 수업 영상은 같은 학년 교사들끼리 역할을 나눠 함께 준비했기 때문에 준비 과정이 크게 어렵지는 않았습니다.

1학년 아이들이 스스로 온라인 수업에 참여하는 게 어려웠을 것 같은데요.

1학년 아이들이 혼자 수업에 참여하는 건 아무래도 어려운 일이기에 어른들의 도움이 반드시 필요합니다. 밴드에 제시된 수업을 하거나 줌 수업을 할 때, 가정에서 학부모나 주변 어른들이 돌봐줘야 해요. 아이를 도와줄 사람이 없을 경우, 학교의 긴급돌봄 서비스를 신청해서 도움을 받았습니다.

학교와 학부모의 소통이 중요한 이유

Q

팬데믹이 장기화되면서 학부모들의 불안감이 커지고, 이에 따른 민원이 늘어나고 있는 상황입니다. 선생님이 근무하시는 학교의 상황은 어땠나요. 학부모들과의 문제는 어떻게 해결했는지도 궁금합니다.

교사들도 답답하고 난감했지만, 학부모의 입장에서도 얼마나 어려움이 많았겠어요. 당장 학교에 가야 하는 아이가 집에만 있으니, 더욱이 직장에 다니는 학부모들은 하루하루가 고통의 연속이었을 겁니다. 민원이라는 표현이 조금 그렇지만, 지금도 모든 교사들이 겪고 있는 상황은 비슷할 겁니다. 민원을 해결하는 데는 학부모와의 원활한 소통이 가장 중요합니다. 교사의 입장에서는 학부모를 협력자로 만들어야 합니다.

우리 학교는 보통 3월 말이 되면 가정방문을 실시해요. 올해는 코로나19 때문에 직접 가정방문을 하지 못했지만, 아쉬운 대로 미리 시간을 정해서 온라인으로 가정방문을 했어요. 이때 아이들의 개별적인 특성이나 학부모의 성향, 요청 사항 등을 파악했습니다. 밴드에 전체 톡을 열어놓고 학부모들과 수시로 질문과 응답을 주고받았어요. 학부모들과 소통의 창구를 열어놓고 잦은 만남을 통해 관계를 맺으면서 협력 관계를 이끌어내고자 했습니다.

또 1학년 학부모는 다른 학년보다 궁금한 것도 많고 질문도 많아요. 그도 그럴 수밖에 없는 게 아이에 대한 관심도 많은 시기고, 실제로 학교 생활에 대해 모르는 것도 많기 때문입니다. 올해는 특히 긴급하게 안내할 것이 많았어요. 하루가 다르게 급변하는 상황의 연속이었으니까요. 온라인 수업을 했다 등교수업을 했다 하는 식으로요. 아마 학부모와의 소통이 원활하지 않았다면 이 상황을 잘 지내오기가 굉장히 어려웠을 겁니다. 아무리 사소한 것이라도 학부모들과 소통했기 때문인지 저는 특별히 그 부분에서 어려운 점은 없었어요.

Q

학급의 운영에 있어 학부모들과의 원활한 소통이 중요하다는 말씀이군요. 그렇다면 학부모들과 소통하기 위해 어떤 노력을 하는 것이 좋을까요?

저는 가급적 학부모들과 이야기를 많이 나누려고 노력했습니다. 온라인 수업을 시작한 초기에는 줌 수업을 마치면 곧이어 전체 학부모들과 꼭 10분 이상 이야기를 나누었어요. 오늘 수업 상태는 어땠는지, 수업 내용은 괜찮았는지 자주 간담회 형식으로 학부모들의 의견을 이끌어냈습니다.

온라인 수업 초기에는 모든 것이 어려웠습니다. 교사나 학부모, 학생 모두 혼란스러울 수밖에 없었어요. 더욱이 1학년 아이는 자신의 의사를 정확히 전달하지 못하는 경우가 많아요. 가령 온라인 수업에서 마이크 소리가 안 들릴 때 "선생님 목소리가 안 들려요." 하는 표현도 못하거든요. 초기에는 아이들과 소통하는 게 참 어려웠어요. 그러나 옆에서 도와주는 부모님들과 "이런 게 안 됐어요." "이런 게 좋았어요." 하는 의견을 주고 받으며 방향을 조금씩 찾아갈 수 있었습니다. 학부모들의 도움이 없었다면 1학년 아이들과 온라인 수업을 한다는 건 불가능했을 겁니다.

Q

교사와 학부모가 좋은 관계를 형성하는데 가장 중요한 것은 무엇이라고 생각하나요?

 힘든 시기일수록 자칫 잘못하면 교사와 학부모가 대척점에 설 수도 있어요. 그야말로 최악의 상황이라 할 수 있지요. 교사들은 학부모를 적이 아니라 동지로 만들어야 합니다. 그러기 위해서는 교사가 먼저 학부모에게 손을 내밀어야 해요. 학부모를 교육의 협력자로 초대해야 하는데, 이게 시작점입니다. 학교는 학부모와 무조건 좋은 관계를 맺어야 해요. 학부모들에게 "이런 것을 학교가 중요하게 생각합니다." "학부모님과 함께하고 싶습니다." "학교가 이런 부분을 담당할 테니 학부모께서는 저런 부분을 담당해주세요." 이렇게 이야기해야 합니다. 학교에서 중요하게 생각하는 교육의 방향을 제안한다고 할까요. 특히 저학년은 학부모의 협력이 반드시 필요한데, 교사가 모든 걸 감당할 수 없기 때문입니다. 그래서 교사는 학부모에게 '가정에서는 이렇게 도와주세요' 하는 요청을 합니다. 아이가 그렇게 1학년을 보내고 2학년이 되면 학부모도 학교의 요청을 당연하게 생각하고 받아들입니다. 학부모들 또한 학교와 가정이 협력하고 그 가치를 서로 인정하는 것이 중요하다고 생각하기 때문에 이 정도는 자신들이 하는 게 맞다고 여깁니다.

그런데 항상 학교에서만 가정에 어떤 요청을 하는 게 아니라 반대의 상황에서도 마찬가지입니다. 가정에서 학교로 제안하기도 하니까요. 저는 이런 제안이 쌓여 소통하는 문화가 된다고 생각해요. 서로의 목소리를 듣는 것이 우선입니다.

학부모나 학교 모두 서로 어려운 점이 있을 때, 그걸 듣고 무조건 받아들여야만 한다고 생각하면 부담이 될 수 있어요. 그러니 먼저 상대의 이야기를 들어봐야 합니다. 서로 마음을 열고 듣는 것이 시작입니다. 그다음 적극적으로 서로의 마음을 읽고, 할 수 있는 것을 조금씩 하다 보면 신뢰가 쌓입니다.

교사는 학부모를 동지로 만들어야 합니다.

교사가 먼저 학부모에게 손을 내밀어야 해요.

학부모를 교육의 협력자로 초대해야 하는데,

이게 시작점입니다.

학교에서 중요하게 생각하는

교육의 방향을 제안한다고 할까요.

항상 학교에서만 가정에 어떤 요청을 하는 게

아니라 반대의 상황에서도 마찬가지입니다.

이런 제안이 쌓여 소통하는

문화가 된다고 생각해요.

서로의 목소리를 듣는 것이 우선입니다.

온라인 수업에서도 중요한
기초 생활 습관

Q

1학년 담임으로서 어려운 부분은 무엇이었나요. 1학년 아이들만의 특성이 있을 텐데요.

1학년 아이들에게는 다양한 욕구가 있습니다. 어떤 아이는 말하는 것을 좋아해서 시도 때도 없이 말하는 수다쟁이가 있는가 하면, 부끄러워서 말 한마디 안 하는 아이도 있어요. 아이마다 지닌 다양한 욕구를 파악해서 건강한 방향으로 해소해주는 것이 저학년 교육의 중요한 포인트라고 생각합니다. 1학년은 학교에 처음 적응하는 시기다 보니 첫 단추를 잘 끼워야 해요. 교사는 아이들이 편안하게 학교에 적응할 수 있도록 매일 반복되는 일을 연습시켜야 합니다. 다시 말해 아주 쉬운 것도 잘게 나눠서 천천히 체계적으로 연습시켜야 합니다.

저는 아이들이 입학하면 가장 먼저 교사와 눈을 맞추고 인사하는 것부터 연습시켰어요. 선생님을 똑바로 보지 못하는 아이가 의외로

많거든요. 교사를 쳐다보지 않고 인사하거나 대충 인사하는 경우도 생각보다 많아요. 선생님이 무서워서 그럴 수도 있고, 부끄럼을 타서 그럴 수도 있어요. 저는 아침마다 교실 문 앞에 서서 아이들을 맞이합니다. 아이 한 명 한 명을 반갑게 맞이하면서 눈을 맞추고 인사한 다음 오늘 기분은 어떤지 물어봅니다.

Q

아이들의 기초 생활 습관을 잘 형성하기 위해서 온라인 수업에서는 어떤 활동이 필요할까요?

 온라인 수업도 일상에서 이뤄지는 수업과 다를 게 없습니다. 1학년 교과서에도 인사하는 게 가장 먼저 나옵니다. 그다음으로 바른 자세로 앉는 것이 나와요. 이는 매일 반복되는 것으로, 모든 아이들이 익숙해질 때까지 연습시킵니다. 예를 들면, 화면에 자신의 얼굴이 적당한 크기로 보이도록 앉는 훈련이 있습니다. 카메라를 보고 말해야 선생님 눈을 보는 것처럼 화면에 보인다는 것도 알려주었습니다. 발표할 때 마이크를 껐다 켰다 하는 것도요. 이런 활동은 계속 반복되는 것입니다. 1학년 친구들은 이런 사소한 것도 의도적으로 연습시키지 않으면 어려워하거든요.

학교생활에 적응하는 활동을 할 때도 눈을 맞추면서 인사하기, 가방 정리하기, 바로 앉기, 쉬는 시간이 끝나면 자기 자리에 앉기 등

을 지도합니다. 온라인에서도 기본적인 것을 할 수 있게 하는 데 주
안점을 두고 지도했어요.

Q ───────────────────────────────

온라인 수업도 교실 수업과 비슷한 부분이 많군요. 2학기에 들어서
는 아이들이 온라인 수업을 잘 따라왔는지 궁금합니다.

교실에서는 아이들이 규칙을 이해하고 적응하도록 하는
것이 중요합니다. 1학년 아이들은 호기심이 많아서 질문
이 많아요. 끊임없이 말하는 수다쟁이 친구한테는 "지금
은 누가 얘기하는 시간인가요? ○○야, 잠깐 기다려줄 수 있겠니?"
하고 말합니다. 먼저 아이들과 함께 규칙을 세우고 이를 지켜 나갈
때 평화롭고 질서 있는 교실이 유지된다는 것을 이해시키기 위해 노
력했습니다. 온라인에서도 마찬가지로 아이들이 기본적인 규칙을
이해하고 지키도록 지도했어요.

개학하고 처음 한 달 동안은 전혀 통제도 안 되고, 끼어들고, 똑
바로 앉아 있지도 못하는 아이들이 여럿 있었어요. 음식을 먹거나
돌아다니는 친구들도 있었고요. 하지만 지금은 곧잘 적응해서 온라
인에서도 무리 없이 수업이 진행되고 있습니다. 입학 초반에 걱정했
던 것과 달리 지금은 특별한 어려움은 없습니다.

저학년 교육에서
교사의 역할

Q

2020년에 초등학교에 입학한 아이들은 입학식도 온라인으로 치렀고, 학교에도 오랫동안 등교하지 못했습니다. 많은 이들이 이번 팬데믹 상황에서 가장 안타까운 경우로 초등학교 1학년을 꼽기도 하는데요. 선생님이 이번 1학년 아이들을 지켜보며 안타깝게 느낀 점은 무엇인가요.

아이들이 학교에 등교하는 날이 줄어들면서 몸으로 익혀 배우고 경험할 수 있는 시간이 많이 부족했어요. 함께 놀고 배우지 못하니 아이들이 활동에 참여하지 않으려는 모습도 종종 보였어요. 아침에 등교했는데 자기 자리에 앉지 않겠다고 교실 문 앞에 서 있거나 급식 시간에 밥을 안 먹겠다고 버티는 아이도 있었어요. 이런 경우, 교사는 참 난감합니다. 1학년은 학교에서 실수와 도전을 통해 성장하는데, 그런 면에서 지난해는 시간이 많이 부족했습니다.

Q

선생님은 이 문제를 어떻게 해결해가나요?

저라고 뾰족한 방법이 있는 것은 아닙니다. 다만 그 아이를 알기 전까지는 지도보다는 관찰을 많이 합니다. 그리고 아이와 이야기를 많이 나눠요. 그 이후에 판단이 서면 시간을 갖고 천천히 지도하는 편입니다. 섣불리 지도하다 보면 교사의 입장에서 아이를 다그치는 우를 범할 수 있어요. 찬찬히 아이를 살펴보면 대부분 이해하게 되더군요.

Q

선생님이 근무하는 학교의 경우, 저학년도 수업 시수가 많아 교과별 전담교사가 많다고 들었습니다. 이런 점이 아이들을 지도할 때 실질적으로 어떤 도움이 되는지 궁금합니다.

사립학교의 특성상 공립학교보다 저학년의 수업 시수가 많아요. 우리 학교 1학년의 주당 수업 시수는 26시간으로 담임교사가 혼자 감당하기에는 무리가 있어요. 그래서 음악, 체육, 독서를 담당하는 전담교사가 있는데, 이 부분이 공립학교와는 조금 다릅니다.

제가 공립학교에 근무할 때 '교실에 교사가 두 명이면 얼마나 좋을까' 하는 생각을 한 적이 많아요. 현재의 공립학교 체제에서는 학생의 문제 행동을 즉시 지도하는 것이 쉽지 않아요. 더욱이 저학년은 수시로 문제 상황이 발생하는데, 문제를 해결하는 동안 나머지 아이들을 방치하게 될 수도 있으니까요.

지금 우리 학교는 항상 그런 건 아니지만, 두 명의 교사가 교실에 함께 있을 때가 많아요. 전담교사나 특수 교사가 수업을 할 때 담임교사는 쉬기도 하지만, 교실에 함께 있으면서 학생을 관찰하거나 도움이 필요한 아이를 도와줍니다. 무엇보다 문제 상황이 생겼을 때 이를 즉시 해결합니다. 이럴 경우 담임교사는 학급을 꾸리기가 한결 수월합니다. 일단 마음의 여유가 생기니까요.

Q

저학년 교실에서는 아무래도 팀티칭Team teaching이 효과적이라는 말씀인가요?

네, 그렇습니다. 우리 학교는 작년까지 팀티칭이 가능했어요. 한국인 담임과 원어민 담임, 두 명의 담임교사가 한 교실에 있었으니까요. 교실에 교사가 두 명이다 보니 어떤 문제가 발생하면 한 교사가 수업을 이끌고, 다른 교사는 문제를 해결할 수 있습니다. 팀티칭은 고학년에게도 도움이 되지만 특히 저학년의 경우 보다 효과적입니다.

앞으로 정부에서는 학급당 학생 수를 줄이는 정책과 함께, 보조 교사나 협력할 수 있는 교사를 교실에 한 명 더 두는 방향을 추진해 주었으면 하는 바람이 있습니다.

Q

1학년 교사로서 가장 중요한 역할은 무엇이라고 생각하나요?

무엇보다 학급을 안전한 공간으로 만들어 공동체로 엮어 내는 것이 아닐까요. 아이들에게 학급이 안전하고 즐거운 곳이 되기 위해서는 문제가 생겼을 때의 규칙과 예측 가능한 해결 절차가 있어야 합니다. 그래야 문제가 생기더라도 협력해서 해결하는 경험이 가능하니까요. 이런 경험이 차곡차곡 쌓일 때 아이들은 자신감을 키울 수 있습니다. 저학년 교사는 아이들이 학교에서 이런 경험을 많이 할 수 있도록 도와야 합니다.

아이들 사이에서 문제가 생겼을 때 선생님 또는 친구들과 협력해서 문제를 해결하는 경험을 많이 하다 보면 아이들은 교실에서 자기 본래의 모습으로 있어도 안전하다고 느껴요. 그러면 학교생활이 더욱 풍성하고 즐거워질 수 있습니다.

미래 교육을 준비하는
교사들의 노력

선생님은 공립학교와 사립학교를 모두 경험했는데, 교사들의 문화
에서는 어떤 차이가 있다고 생각하나요?

 교사들의 문화는 공립과 사립의 차이라기보다는 학교 구
성원들이 어떤 공동체를 만들어가느냐에 따라 달라지지
않을까요. 이는 교사들 간의 관계성과 연관이 깊어요. 예
를 들면, 사립학교는 교사들이 오랫동안 함께 일하기 때문에 공립학
교와는 조금 다른 모습이 있어요. 교사 간에 관계가 나쁠 수도 있지
만 계속해서 관계를 맺어야 합니다. 하지만 공립 학교에서는 일정한
시간이 흐르면 본인이 떠나거나 상대방이 떠나기 때문에 시간이 흐
르기만을 기다리기도 해요.

사립학교에서는 누군가가 옮기는 것이 쉽지 않아요. 거의 불가능
하다고 봐야죠. 서로 오래도록 함께 지내야 하기 때문에 어떻게 갈
등을 극복하고 잘 지낼 수 있을까를 항상 고민합니다. 그렇지 않으

면 서로 피곤하고 힘들기도 하고 계속 불편한 채로 지낼 수는 없으니까요. 그러다 보니 공동체를 엮는 힘이 길러지고 공동체에 참여하고 협력할 수 있는 힘이 생깁니다. 하지만 그런 힘이 저절로 생기는 것은 아니고, 가치를 공유하는 대화를 자주 나누면서 함께하는 시간이 쌓여야 가능합니다.

교사들이 팀워크를 이루려면 서로 존중하고 협력하는 문화가 중요하다는 말씀이겠죠. 공립학교에서도 최근에는 뜻이 맞는 교사들이 혁신학교에 모이거나 연구회를 조직해서 활동하기도 합니다. 이런 흐름에 대해서는 어떻게 생각하나요?

 서로 뜻이 맞는 교사들이 혁신학교에서 모이거나 연구회를 조직해서 함께 일하는 경험은 교직 생활에서 매우 중요하다고 생각합니다. 교육은 연속성이 중요한데, 현재 우리 교육의 문제는 교육적 담론을 쌓지 못하는 데서 그 원인을 찾을 수 있어요. 학교를 바꾸려면 먼저 문화부터 바꾸어야 하는데, 문화라는 것이 일순간 바뀌지 않아요. 문화는 시간이 흐르며 차곡차곡 쌓여서 형성되기 때문입니다.

교사 개개인의 측면에서도 작년에는 저학년을 맡았다가 올해는 고학년을 맡으면 이제껏 쌓아온 것이 모래성처럼 무너지기도 합니다. 학교 전체의 측면에서도 교장이 바뀌거나 본인이 다른 학교로 전근 가서 학교가 바뀌면 문화가 또 바뀝니다. 그래서 교사 개인적으로 자신의 교육활동을 꾸준히 기록하는 것이 중요합니다. 학교 차원에서는 교사들이 서로 협력할 수 있는 환경을 마련해주어야 하고요. 교사가 전문성을 기르기 위해서는 교내에서든 학교 밖에서든 공동체를 만들거나 모임에 참여하는 과정이 매우 큰 도움이 된다고 생각합니다.

Q

팬데믹 상황을 겪으면서 교사로서 앞으로 개선하거나 준비해야 한다고 느낀 것은 무엇인가요?

가장 먼저 디지털 변화에 빠르게 대처하고자 하는 자세가 필요합니다. 누구에게나 변화는 힘들게 다가옵니다. 하지만 앞으로의 시대에서는 교사들이 서로 협력해서 일할 수 있는 도구를 익혀서 활용하는 것이 필수적입니다. 클라우드 드라이브, 노션, 슬랙 등 편리한 도구가 많아요. 예를 들면, 구글 드라이브에서 공동 작업을 하면 시간을 절약할 수 있고, 자료를 축적할 수도 있고, 검색 기능이 있어 여러모로 편리합니다.

또한 온라인 수업에 필요한 다양한 도구를 꾸준히 배우고 사용해봐야 합니다. 이번 코로나19 상황에서 교사들은 영상을 찍는 법, 편집하는 법, 줌 또는 미트Meet 등 쌍방향 회의 도구를 사용하는 방법을 짧은 시간에 배워 활용했어요. 그런 도구를 실제 사용해보고 자신에게 잘 맞고 학생들과 함께 사용하기에 적절한 것을 찾아서 익히는 노력이 필요합니다. 선생님들이 등교수업이든, 온라인 수업이든 어떤 상황에서도 자연스럽게 대처할 수 있는 실력을 갖추었으면 합니다. 그런 점에서 제가 선생님들에게 몇 가지 제안하고 싶어요.

첫째는 온라인 수업을 정기적으로 하는 겁니다. 매달 몇 시간씩 온라인 수업을 하면서 갑작스러운 감염병 유행에 대비하는 거죠. 마치 민방위훈련처럼 말입니다.

둘째는 블렌디드 수업 방법의 활용입니다. 이번에 팬데믹을 경험하면서 블렌디드 수업에 대한 감각이 교사들에게도 생겼다고 생각합니다. 예를 들면, 집에서 키우는 반려동물 소개하기, 우리 동네 소개하기, 내 방 소개하기, 세계 여러 나라의 생활 모습, 직업 세계 등은 온라인 수업과 등교수업을 블렌딩했을 때 학습 효과를 극대화할 수 있다고 생각합니다.

셋째는 개별적인 도움이 필요한 학생을 위해 어떻게 온라인 수업을 활용할 것인지 고민해봐야 합니다. 온라인 수업을 진행하다 보니 화상 수업은 다수보다 개별 혹은 소그룹으로 할 때 더 효과적이었어요. 온라인 수업을 구성할 때 개별 혹은 소그룹으로 진행하는 방식도 시도해보길 제안합니다.

마지막으로 학부모 연수나 상담도 온라인 수업의 경험을 살려 화상으로 시도해볼 만하다고 생각합니다.

Q

마지막으로 팬데믹 상황을 겪으며 선생님이 느낀 점이 있다면요?
또한 우리가 생각해 보아야 할 것은 무엇이 있을까요?

 첫째, 교사와 학생의 관계 맺음이 무엇보다 중요하다고
느꼈습니다. 교사들끼리 학교생활이 너무나 힘들 때면 농
담이나 넋두리로 "아이들 없는 학교가 제일 좋아." 하는
말을 할 때도 간혹 있어요. 그런데 현실에서는 이와 정반대였어요.
교사는 학생이 있기에 존재합니다. 팬데믹으로 아이들이 학교에서
사라지자 교사들도 활기를 잃어갔어요. 아이들이 학교로 돌아오자
교사들도 활력을 되찾았어요. 교사는 학생을 만나서 관계를 맺으며
가르치고 배울 때 존재의 가치가 있습니다. 많은 교사들이 팬데믹
기간 동안 이것을 체험했습니다.

둘째, 학교와 교사들에게 어떻게 자율성을 부여할 것인지 생각해
야 합니다. 자율성은 학교와 교사 차원 두 가지로 나눠 생각해볼 수
있어요. 학교 차원에서는 감염병 유행에 대비해 학교가 등교 일수를
조정하거나 교육과정의 운영 등을 결정할 수 있도록 미리 지침을 준
비하는 것입니다. 교사 차원에서는 교사의 정체성, 철학, 가치 등을
고민하고 정리해서 자신만의 교육과정을 만들어야 합니다. 그리고
교사들의 모임이나 공동체 등을 통해 이런 부분을 끊임없이 되짚어
보고 점검해야 합니다.

셋째, 초중고도 대학처럼 온라인 수업에 대비할 수 있는 학습관

리시스템LMS을 갖추도록 정부가 지원해야 합니다. 지금처럼 기업의 밴드, 줌, 구글 등의 시스템을 교사가 각자 선택해서 사용할 수는 없어요. 각 대학에서 구축한 LMS를 각 학교마다 구축하는 것이 가장 바람직하겠지만, 현실적으로 그것이 어렵다면 각 교육지원청별로라도 구축해야 합니다.

한 가지 더 말씀드리고 싶은 것이 있어요. 밖에서 보기에는 부족한 부분도 있었지만, 교사들이 각자 고민하고 함께 협력하고 노력했던 수많은 시간들이 있었기에 팬데믹 상황에서도 아이들은 배움을 지속할 수 있었습니다. 교사는 다음 세대를 키우는 일을 하는 사람임을 항상 생각해야 합니다. 먼저 교사 스스로 자율성을 키워 주인으로 삶을 살아가야 하며, 다음 세대를 이 사회의 주인으로 키우고 가르쳐야 할 것입니다.

학부모가 묻고 선생님이 답하다
Q&A

Q 코로나19가 종식되더라도 변종 바이러스 질환 등으로 인해 비슷한 상황에 또다시 처할 수 있다는 예측이 우세합니다. 아무리 온라인 수업이 발전하고 보완된다 해도 아이들이 직접 눈으로 보고, 손으로 만져보고, 냄새를 맡는 등 경험으로 배우는 시간이 점점 줄어들 텐데요. 이런 경험 교육의 부재를 해결할 수 있는 방법이 있을까요?

A 비대면 교육 환경일수록 아이들이 몸으로 겪고 배우는 시간을 늘려야 합니다. 학령기는 체험 교육이 중점적으로 이루어지는 시기입니다. 이 시기는 신체 발달은 물론 감성과 지적 발달에도 영향을 미쳐요. 아이들은 체험, 탐구, 놀이 등을 통해 다른 사람과 소통하는 법을 배우고 문제를 해결하는 능력을 키웁니다. 체험 중심의 교육은 신체적 감각 기능뿐만 아니라 사회성 발달과도 연결됩니다. 온라인으로 수업이 이뤄진다고 해서 몸으로 겪고 배우며 익히는 경험을 소홀히 다루어서는 안 됩니다. 직접적인 체험과 정서적인 교육이 동시에 이뤄져야 해요. 그렇다고 방역을 무시하고 교육에만 치중해서도 안 됩니다. 사회적 거리두기를 실천하면서도 교육적 효과를 가져올 수 있는 다양한 시도가 필요합니다.

먼저 등교수업 시 아이들의 감각과 운동 기능을 길러주는 활동에 초점을 맞추어야 해요. 실험이나 실습, 운동이나 놀이처럼 온라인 수업으로 하기 어려운 것 위주로 수업이 진행되어야 합니다. 아이들 서로 간의 접촉은 줄이면서 손으로 만지고 몸을 다양하게 움직이는 활동으로 수업을 구성하면 좋습니다.

좁은 교실보다는 운동장, 학교 텃밭 등 넓은 공간을 활용하는 것을 추천합니다. 예를 들면, 아침 산책, 화분이나 텃밭 가꾸기, 내 나무 정하여 대화하기 등이 있습니다. 아이들이 흙 놀이와 땅 놀이를 하며 몸을 움직일 수 있게 공간을 열어주어야 합니다.

감각 기능과 운동 기능을 기르는 일은 온라인 수업에서도 가능합니다. 요리하기, 악기 연주하기, 식물 가꾸기처럼 집 안 물건을 활용하면 교실보다 다채로운 경험을 쌓을 수 있어요.

우리 집 생활 쓰레기 줄이기, 내 방 꾸미기, 가족 행사 또는 기념일 등을 프로젝트 수업으로 기획할 수도 있으며, 내 주변의 이야기를 기사 형식으로 써서 인터넷에 올리기, 가족 이야기를 영화로 만들기, 주제를 정해 사진을 찍거나 가족의 모습을 사진으로 담기, 풀과 꽃, 곤충 등을 관찰해서 자세히 그리기, 마을에서 봉사하기 등도 좋습니다. 등교수업에 비해 시공간의 제약을 덜 받는 온라인 수업은 감각과 운동 기능을 향상시킬 수 있는 좋은 기회가 될 수도 있습니다. 자녀가 이런 과제를 수행할 때, 부모의 관심과 격려가 더해진다면 교육적 효과도 높아질 것입니다.

또한 비대면 교육 환경에서 책 읽기와 글쓰기만큼 좋은 공부는 없습니다. 읽기와 쓰기는 기초학력에서도 큰 비중을 차지합니다. 세상이 바뀌고 교육 환경이 변해도 읽기와 쓰기의 중요성은 변하지 않아요. 자녀에게 책을 읽어 주거나 함께 책을 읽어보세요. 부모가 행동으로 보여주는 것이 가장 효과적입니다.

책 읽기가 이해라면 글쓰기는 표현입니다. 글쓰기는 글짓기와 다릅니다. 글짓기가 머리로 짓는 글이라면, 글쓰기는 삶으로 쓰는 글입니다. 삶에서 보고, 듣고, 말하고, 움직이고, 생각하고, 느낀 대로 쓰는 것이 글쓰기입니다. 몸으로 직접 겪은 것을 쓴다는 점에서 글쓰기는 체험, 탐구, 놀이와도 연결됩니다.

하지만 사회적 거리두기를 하면서 몸으로 겪고 함께 배우는 교육 환경을 조성한다는 게 쉽지는 않아요. 아이들에게 필요한 최선의 방법을 찾기 위해 다양한 실천이 이뤄지고 있지만, 교사와 학부모만의 노력으로는 한계가 있습니다. 학교 현장에 적합한 국가 교육과정 개정, 학급당 학생 수 줄이기 등과 같은 정책도 마련되어야 합니다. 우리 아이들이 안전하고 효율적인 교육 환경에서 자랄 수 있도록 정부 차원의 지원도 꼭 이루어지길 바랍니다. ❉

PART 4

온라인 수업,
어떻게 변화하고 있을까

코로나19로 인해 갑작스럽게 다가온 수업의 변화는 교사들을 당황스럽게 만들었습니다. 많은 전문가들이 온라인 수업의 어려움을 여러 각도로 분석했고, 교사가 가진 디지털 능력과 디지털 이해력에 따라 온라인 수업의 질이 결정된다는 잘못된 결론을 내리기도 했습니다. 하지만 이것은 수업의 본질을 이해하지 못한 것입니다. 교사들이 온라인 수업을 준비하며 겪는 실질적인 어려움은 무엇인지, 온라인 수업은 어떻게 자리 잡아가고 있는지, 앞으로의 수업은 어떤 방향으로 발전해야 하는지 이야기를 나눠보겠습니다.

김재현 선생님

교대가 무엇을 배우는 곳인지도 모르고 고등학교 선생님의 추천으로 입학했지만, 여러 교육 도서와 동료 선생님들을 통해 조금씩 교사로서의 소명을 깨닫게 되었습니다. 혁신학교에서 근무하는 동안 선생님들과 교육에 대한 이야기를 나누고 실천하면서 '교사의 삶이 곧 교육'이라는 생각을 하게 되었습니다. 좋은 교사는 좋은 가르침을 위해 좋은 삶을 살아야 한다는 신념을 가지고 교사 생활을 하고 있으며, 학교는 미래를 담은 작은 실험실이라는 생각으로 교실에서 모두가 함께 더불어 행복하게 살아가기 위해 노력하고 있습니다. 또한 모두의 이야기가 어우러져 하나의 큰 이야기를 만들어가는 '이야기가 있는 교실'을 꿈꾸며 교육 실천을 이어가고 있습니다. 현재 동두천 이담초등학교에서 재직하고 있습니다.

온라인 수업을 준비하며
교사들이 겪는 어려움

전 세계는 지금까지 한번도 경험하지 못한 상황에 직면했습니다. 아이들이 학교에 가지 못하고 집에서 수업을 받는다는 것은 그 누구도 상상조차 할 수 없는 일이었어요. 어느 날 갑자기 코로나19라는 바이러스가 온 세상을 점령하고 아이들은 학교에 가지 못하고 컴퓨터 앞에 앉아 수업을 받고 있습니다. 이제는 비대면 수업이니 온라인 수업이니 하는 단어조차 일상적인 용어가 되었습니다. 지금 선생님의 학교는 어떤 상황인가요?

누구도 경험해보지 못한 이 현실에서 교사들이 힘을 합쳐 어려움을 극복해나가고 있습니다. 코로나19 이전까지는 제각기 자료를 준비하고 수업했지만, 지금은 모두 함께 모여 수업 자료를 준비하고 온라인 수업에 필요한 공동 수업안을 만들어 운영하고 있습니다.

먼저 가장 중요한 목표를 설정하고, 교과서를 바탕으로 온라인 수업으로 전환하기 쉬운 내용을 찾아요. 그다음 그에 대한 영상을 만들고, 어떤 방법으로 과제를 내줄 것인지까지 결정합니다.

또한 과목별로 담당 선생님을 정하고 영상을 제작합니다. 물론 온라인 수업에 필요한 학습 자료도 따로 제작합니다. 학교 밖에 부스를 설치하고 워킹 스루Walking-through 방식으로 학습 자료를 아이들에게 배부했어요. 모든 선생님이 힘을 합치지 않았다면, 펜데믹 초기의 혼란스러운 상황에서 수업을 진행한다는 것은 불가능했을 거라 생각합니다.

Q

온라인 수업이라는 새로운 체제를 만들고 적응하는 과정이 결코 쉽지는 않았을 겁니다. 선생님들은 하루를 어떻게 보내나요?

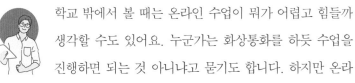

학교 밖에서 볼 때는 온라인 수업이 뭐가 어렵고 힘들까 생각할 수도 있어요. 누군가는 화상통화를 하듯 수업을 진행하면 되는 것 아니냐고 묻기도 합니다. 하지만 온라인 수업은 우리가 생각하는 것보다 훨씬 더 복잡한 과정을 거쳐 이루어집니다. 실시간 쌍방향 수업을 예로 들어볼까요. 이때는 줌이라는 프로그램을 사용하는데, 먼저 화면을 통해 출석을 확인하고 과제를 내주는 것으로 수업을 시작합니다.

그런데 아이들이 제시간에 출석을 하지 않는 경우가 종종 발생해요. 그럴 때는 학부모님에게 전화를 걸어 출석을 확인해달라고 요청합니다. 수업을 진행하면서 화면으로 아이들이 수업하는 모습을 살피고, 태블릿PC를 활용해 설명하거나 학생의 질문에 답합니다. 여러 가지 기기를 다루면서 동시에 아이들이 수업에 제대로 참여하는지도 면밀하게 살펴야 해요. 수업이 끝난 다음에는 아이들이 올려놓은 과제물을 점검하고, 피드백을 달아줍니다. 과제를 제때 내지 않거나 학습이 미진한 아이가 있으면 개별적으로 연락해서 과제를 다시 설명하고 안내해요.

아이가 오늘 학습한 내용을 제대로 이해하지 못했으면 일대일 보충 지도를 합니다. 이게 전부가 아닙니다. 수업을 모두 마치고 나서는 다음 날 수업할 내용을 준비하기 위해 수업 협의회에 참여합니다. 퇴근 시간이 가까워지지만 모든 업무가 끝난 것은 아닙니다. 온라인 수업을 시작한 초기에는 퇴근하고 나서도 늦게까지 영상을 만들고, 늦게 올라온 과제물을 확인하고 피드백을 달았습니다. 온라인 수업을 시작하고 나서는 평일뿐 아니라 주말에도 이런 업무를 처리해야 해서 힘든 시간을 보냈습니다.

Q

온라인 수업을 한다는 게 결코 쉬운 일은 아니군요. 그렇다면 구체적으로 어떤 부분이 가장 어려웠나요?

제 경우는 장기적인 계획을 세우는 게 무척 어려웠어요. 교육부와 학교 측의 입장은 등교수업을 기본으로 하되, 온라인 수업을 진행하는 것을 원칙으로 합니다. 상황이 좋아지면 등교를 하는 것을 목표로 한 것입니다. 그러다 보니 어떤 내용을 온라인 수업에서 다루고, 또 어떤 내용을 등교수업에서 가르쳐야 할지 막막했어요. 무엇보다 한 치 앞을 내다볼 수 없는 상황에서 당장 다음 주에 온라인 수업을 하는 건지, 등교수업을 하는 건지 알 수 없다는 게 너무나 막연하고 답답했어요. 교육부나 학교 입장에서도 뉴스를 통해 등교 여부를 확인할 수밖에 없으니, 수업을 어떻게 준비해야 할지 혼란스러웠습니다.

또 다른 문제는 온라인 수업을 하려면 수업에 필요한 장비가 먼저 마련되어야 하는데, 이에 대한 적절한 지원이 제공되지 않았다는 점입니다. 만약 온라인 수업 초기에 필요한 장비를 신속하게 지원받았다면 수업을 준비하는 데 큰 도움이 되었을 겁니다. 그렇다고 수업에 필요한 예산을 지원받기까지 마냥 기다릴 수만은 없어서 많은 교사들이 먼저 자비로 온라인 수업에 필요한 기기를 장만했어요.

또한 온라인 수업을 진행하는 데 필요한 플랫폼이 없거나 확정되지 않아서 교사들은 각자 적당한 플랫폼을 찾아서 사용법을 익혀야 했습니다. 수업을 준비하는 것도 벅찼지만 장비를 테스트하고, 학습 플랫폼을 확인하고, 플랫폼에 알맞은 과제를 제작하는 것 역시 이만저만 어려운 게 아니었어요. 물론 교육부에서도 지금까지 경험해 보지 못한 상황이라 어느 정도의 혼란은 예상했지만, 온라인 수업에 대한 제대로 된 지원을 받지 못한 상황에서 모든 책임이 교사들에게로 전가되는 분위기는 교사들을 지치게 했어요.

Q

교사들이 수업 내용을 제작하면서 겪는 실질적인 어려움은 무엇인가요?

 교사가 영상물을 제작하는 전문가가 아니다 보니 한 차시 수업을 찍고 편집하려면 족히 서너 시간은 걸려요. 영상을 편집하는 방법을 배우면서 동시에 제작도 하기 때문에 시간이 많이 걸리는 겁니다. 필요한 소프트웨어를 찾고, 사용법을 익히고, 수업에 활용할 수 있도록 구성하고, 아이들이 사용하는 기기와 연결하는 과정 또한 매우 복잡하고 어려웠어요.

많은 선생님들이 수업에 다양한 자료를 활용하고 싶어 했지만, 저작권 문제로 인해 마음대로 자료를 활용하는 데도 한계가 있었습니다. 수업에 활용하고 싶은 이미지, 영상, 도서 등을 어떤 과정을 통해 선별해야 하는지도 몰랐으니까요. 초기에는 선생님들이 직접 출판사나 영상 업체에 연락해 알아보기도 했어요. 지금은 교육부에서 저작권에 대한 지침을 제시했지만, 지침을 지켜가면서 콘텐츠를 제작한다는 것도 사실 쉽지는 않습니다.

온라인 수업 및 학습을 위한 저작물 이용 기준

(저작권법 제25조 학교 교육 목적 등에 이용 시 사전동의 필요 항목)

1. 학습 자료의 배경음악(BGM)으로 음원 파일 이용
2. 학습 자료에 무료·유료 폰트 파일 이용
3. 인물 화면 이용
4. 불특정 다수에게 제공하는 수업 영상

Q

많은 어려움과 혼란 속에서도 온라인 수업이 점점 자리를 잡아가고 있습니다. 수업에 참여하는 학생들의 반응은 어떤가요?

대략 80~90%의 아이들은 온라인 수업에 적응하며 잘 참여하고 있어요. 힘든 상황에서도 수업에 열심히 참여하고, 과제물도 성실히 제출하고 있습니다. 하지만 몇몇 학생과 학부모는 온라인 수업을 교실 수업의 연장으로 인식하지 못하는 경향도 있어요.

교육부에서 제시한 출결 지침을 살펴보면, '원칙적으로 당일 교과별 차시 단위로 실시하되, 수업 유형에 따라 7일 내 최종 확인, 초등학교는 학생의 발달 단계를 감안해서 학교장이 출결 확인 기간을

별도 설정할 수 있으며, 담임교사와 교과전담교사가 각 수업에 대해 관리한다'고 나와 있습니다.

다시 말해 7일 안에 과제물을 제출하면 출석을 인정하도록 허용한 것이죠. 그러다 보니 출석 규정을 악용하는 사례도 발생했어요. 어떤 아이는 부모님과 마트에 와서 수업을 받을 수 없다거나 학원에 가야 해서 수업을 나중에 하겠다고 당당하게 말하기도 합니다. 늦잠을 자서 수업을 못 들었다는 등 다양한 경우가 있어요. 출석에 대한 부담을 줄여준 것이 오히려 좋지 않은 습관을 만들거나 부작용을 초래했다고 할 수 있습니다.

교사의 정체성,
온라인 수업의 방향을 결정하다

Q

등교수업이든, 온라인 수업이든 교사마다 수업에서 중요하게 생각하는 요소들이 있을 것입니다. 선생님은 이번 온라인 수업 기간 동안 어떤 부분에 가장 중점을 두었나요?

저는 온라인 수업도 대면 수업처럼 함께 대화하고 토론하는 등 협력하는 형태로 진행하고 싶었어요. 수업 중에 서로 교류하고 생각을 나누는 소통의 과정을 중요하게 생각하기 때문입니다. 그런데 온라인 수업에서 소통한다는 건 생각처럼 쉬운 일이 아니었어요. 첨단기기와 프로그램을 활용하면 기존 수업보다 의사소통이 활발하게 이루어지지 않을까 기대했지만, 현실에서는 이와 정반대의 상황이 일어났어요.

아이들이 서로 대화를 나눌 수 있는 구조를 만들기 위해 노력했지만, 기술적인 어려움이 따랐습니다. 아무래도 대면 수업보다는 교사가 통제해야 하는 부분이 많더군요. 다 같이 참여하는 수업을 진행하기 위해서는 아이들의 학습 공간이나 수업 도구 등 눈에 보이지 않는 것까지 미리 생각해두어야 했어요. 온라인 수업을 시작한 초기에는 온라인에서 어떻게 다 같이 협력해서 수업을 진행해야 할지 방법을 제대로 알지 못해 단순한 강의식 수업 형태가 되어버린 측면도 있어요. 지금 생각해보면 많은 아쉬움이 남는 부분입니다.

Q

교사마다 선호하는 수업 방식이 다르고, 온라인 수업에 대한 인식에서도 온도 차가 있을 수 있어요. 온라인 수업을 힘들어하는 교사도 있지만, 오히려 편하게 생각하는 경우도 있지 않을까요? 이런 차이는 어디에서 비롯된다고 생각하나요?

언뜻 생각하기에는 교사의 디지털 스킬Digital Skill에 따라 수업의 진행 방식에서 차이가 난다고 생각할 수 있어요. 디지털 기기를 잘 다루면 어려움 없이 온라인 수업을 진행하지 않을까 생각합니다. 하지만 디지털 기기를 잘 다루더라도 온라인 수업을 어려워하는 교사가 있어요. 반대로 기기를 다루는 능력이 부족해도 원격으로 수업하는 데 큰 어려움을 느끼지 않는 교사도 있어요. 이런 차이가 디지털 문해력Digital Literacy에서 비롯된다고 생각할 수도 있지만, 저는 기본적으로 교사가 수업을 바라보는 인식이 더 크게 작용한다고 봅니다.

Q

교사가 수업을 어떻게 인식하느냐에 따라 수업의 내용이 달라진다는 말씀인가요?

네, 맞습니다. 교사들의 수업에 대한 인식은 크게 두 가지로 나눠볼 수 있습니다. 수업을 '교수'로 인식하는 것과 '학습'으로 인식하는 겁니다. 전자는 온라인 수업에 맞게 학습 내용을 재구성해서 아이들에게 안내하는 것까지를 수업이라 생각합니다. 당연히 그 이후의 과정과 결과를 교사가 아닌 학생의 책임이라고 여깁니다. 그런 이유로 온라인 수업에서 학습하는 과정과 결과를 학생의 영역으로 남겨둡니다. 교사가 이렇게 생각하면 온라인 수업이 대면 수업보다 훨씬 수월할 수 있어요.

후자는 교사가 지도하고 수업한 내용을 학생이 어떻게 배우고 어느 수준까지 습득했는지 살펴보는 일까지를 수업이라고 봅니다. 이 경우는 교사가 학생의 학습을 확인하고 피드백하는 과정까지 수업에 포함합니다. 그래서 수업을 하거나 과제물을 제시하는 것보다 학습 확인과 피드백에 더 많은 시간을 할애합니다. 대면 수업에서는 같은 공간, 같은 시간에 '수업 안내-학습 확인-피드백'이 동시에 이루어져요.

하지만 온라인 수업에서는 '수업 안내-학습 확인-피드백'을 분리해서 진행하기 때문에 아무래도 물리적인 시간과 노력이 훨씬 더 많이 소요될 수밖에 없어요. 제 생각에 온라인 수업이 어렵게 다가오는 것은 교사들의 디지털 문해력이 부족해서라기보다는 학생의 학습 성취도를 확인하고 피드백을 하는 과정이 대면 수업처럼 원활하지 않기 때문인 것 같습니다.

Q

교사들의 수업에 대한 인식의 차이가 온라인 수업에서도 나타났다는 말씀이군요. 그렇다면 수업에 대한 인식의 차이는 무엇으로 인해 생겨날까요?

교사들의 수업에 대한 인식 차이는 교사가 지니고 있는 삶에 대한 태도, 교사라는 역할에 대한 태도, 개인적인 경험 등 다양한 것이 영향을 미친다고 생각합니다. 교사들의 수업 방식은 직접 수업에 참여하거나 교사 연수 등을 통해 만들어지고 변하기도 하지만, 사실 수업에 대한 기본적인 인식은 쉽게 변하지 않아요. 모든 교사가 자신의 정체성을 담아 학생을 가르치기 때문입니다.

교사는 수업을 진행하면서 자신이 직접 보고, 듣고, 생각하고, 경험한 것을 재구성해서 자신만의 정체성을 드러냅니다. 또 상황에 따라 수업의 내용을 수정하거나 가르치는 방법을 달리하면서 교육의 방향을 결정합니다. 수업 방법이 변화하는 근간에는 교사의 세계관이 작용한다고 할 수 있어요. 교사들이 동일한 내용을 가르친다고 해서 모든 수업이 같다고 말할 수는 없어요. 각각의 수업에는 교사 개개인의 정체성이 담겨 있기 때문입니다.

Q

그렇다면 교사의 정체성에 따라 실제 교실의 모습도 달라질까요?

 그렇습니다. 교사의 정체성에 따라 교실의 모습도 다양하게 나타납니다. 저는 교사가 수업에 임하는 정체성에 따라 교실이 다섯 가지 형태로 구분된다고 봅니다.

첫 번째는 교사 중심의 교실입니다. 교사가 모든 것을 통제하고 제어하기 때문에 교실 안에서 일어나는 모든 결정권이 교사에게 있어요. 이런 교실에서는 학생들이 교사의 눈치를 볼 수밖에 없어요. 그러다 보면 학생들은 교사의 감정에 민감하게 반응합니다.

어느 반 공개수업에서 교사의 감정을 해, 구름, 비 등으로 표현해서 붙여놓은 것을 본 적이 있어요. 교사의 감정을 솔직하게 표현하는 것이 나쁘지는 않지만, 학생들이 지금 선생님의 감정 상태가 어떤지 눈치를 보게 하는 것은 잘못됐다고 생각합니다. 교사 중심의 교실은 교사의 입장에서는 편하지만, 아이들의 입장에서는 편안하지 못한 곳이 될 수 있습니다.

두 번째는 법과 처벌 중심의 교실입니다. 교실 안에서 일어나는 모든 일이 법과 규칙에 따라 운영됩니다. 학생들은 끊임없이 서로를 감시하는 경찰이 되고 또 서로를 고발합니다. 교사는 학생들이 제시한 위반 사항을 판단하는 판사가 됩니다. 법을 준수했는지, 준수하지 않았는지에 대한 다툼과 시비가 일어나고, 그럴 때마다 교사는 올바른 판단을 하기 위해 노력합니다. 학생들은 법과 규칙을 기준으로 친구들의 행동에 민감하게 반응해요. 교사는 자신의 판단이 옳았는지 되새김질하면서 죄책감을 느끼기도 합니다.

세 번째는 보상 중심의 교실입니다. 행동에 대한 결과로 보상을 제공합니다. 아이들은 서로를 경쟁 대상으로 보는 동시에 더 좋은 보상을 받기 위해 노력하는 과정에서 자연스럽게 성장하기도 합니다. 교사는 칠판에 있는 자석이나 스티커로 아이들을 통제하고, 아이들은 교사가 공정하게 평가하고 보상해주기를 기대하며 서로 끊임없이 경쟁합니다.

네 번째는 자유 방임의 교실입니다. 아이들은 자신이 원하는 것을 대부분 자유롭게 할 수 있어요. 마치 무정부 국가와 같습니다. 이 교실에서는 자신을 보호하거나 지켜줄 규범이나 절대자가 없고, 교사는 방관자입니다. 단지 지켜보기만 할 뿐 적극적으로 행동하지 않아요. 그러다 보면 목소리가 크거나 힘이 센 아이들이 주도권을 가지게 되고, 나머지 아이들은 주도권을 가진 아이의 눈치를 봅니다. 교실에는 항상 불안감이 감돌고, 학생들은 앞으로 어떤 일이 일어날지 전혀 예측할 수 없기 때문에 불안해합니다.

마지막은 민주주의 교실입니다. 교실이 민주적인 절차에 의해 움직이기 때문에 학생 자치가 살아 있고, 교사는 학생들에게 좋은 안내자 역할을 합니다. 누군가의 통제나 보상이 아닌 대화와 타협, 협동과 나눔으로 교실이 운영됩니다. 아이들은 자신의 생각과 주장을 자유롭게 펼칠 수 있지만, 한편으로는 다수결에 따라 의견이 결정되기 때문에 소수의 의견이 무시당하기 쉽습니다.

이렇게 교사가 지닌 인식에 따라 다양한 형태의 교실이 만들어집니다. 교실을 이렇게 다섯 가지 형태로 분류했지만, 보통 어느 한 가지 형태가 아닌 혼재된 형태로 나타납니다. 또 학년과 상황에 따라 변하기도 해요. 하지만 교사가 가진 수업에 대한 인식에 따라 대표적인 형태가 드러나는 것은 분명합니다. 오프라인뿐 아니라 온라인에서도 교사의 수업에 대한 태도, 삶의 형태, 정체성 등에 의해 수업 공간이 만들어지는 것은 당연합니다. 그러므로 교사 스스로도 수업의 정체성을 인식하고 있어야 합니다.

Q

그런데 교사 스스로 수업의 정체성을 확인한다는 게 쉽지는 않아 보여요. 자신의 정체성을 어떻게 확인할 수 있을까요?

교사들의 인식 가운데 가장 큰 문제가 뭐냐고 묻는다면, 저는 교실주의를 말하고 싶어요. 초등학교의 경우 교사 한 명이 학급의 모든 학생을 책임지고 교육하는 시스템입니다. 자신의 교실에서 열심히 교육을 펼치고 있지만, 옆 반에서는 어떻게 수업이 진행되는지 알 수 없어요. 이는 비단 수업에만 국한되는 게 아니라 때로는 다른 반 아이가 잘못을 해서 지적하고 싶어도 동료 교사의 영역을 침범하는 게 아닌가 살펴야 해요. 교사들은 다른 교실에서 일어나는 일에 대해서는 절대 간섭하거나 신경 쓰지 않으려 합니다.

이렇게 각각의 교실마다 벽을 쌓고 소통하지 않으니 교육에 대한 좋은 생각과 방법을 나누기가 너무나 어려워요. 교사들이 수업에 대해, 그리고 자신의 정체성에 대해 올바른 인식을 갖기 위해서는 의견을 함께 나눌 수 있는 광장이 필요하다고 생각해요. 학교는 광장이 되어야 합니다. 누구나 안전하고 편안하게 자신의 삶과 수업을 나눌 수 있는 공간이 광장입니다. 교사들은 학교라는 광장에서 자신의 수업에 대한 정체성을 발견하고 변화할 수 있어야 합니다.

교사는 수업을 하면서 자신이 직접 보고,

듣고, 생각하고, 경험한 것을 재구성해서

자신만의 정체성을 드러냅니다.

또 상황에 따라 수업의 내용을 수정하거나

가르치는 방법을 달리하면서

교육의 방향을 결정합니다.

교사들이 동일한 내용을 가르친다고 해서

모든 수업이 같다고 말할 수 없어요.

각각의 수업에는 교사 개개인의 정체성이

담겨 있기 때문입니다.

온라인 수업의 변화와
교사들의 노력

Q

코로나19는 이 사회에 엄청난 변화를 몰고 왔습니다. 학교에서는 온라인 수업을 실시하던 중 또 다른 변화를 겪어야 했는데, 온라인 수업과 등교수업이 병행되었던 시기입니다. 선생님은 이 시기에 어떻게 대처했나요?

등교수업과 온라인 수업을 동시에 진행하는 것을 블렌디드 러닝 수업이라 합니다. 또 다른 말로는 온라인과 오프라인이 통합된 올라인 러닝All-line Learning이라고 합니다.

저는 이 시기에 아이들이 등교수업에서 배운 내용을 토대로 온라인 수업에서는 직접 자료를 찾고 과제를 해결할 수 있게 했습니다. 또한 블렌디드 러닝의 시작으로, 영상을 통한 수업 형태를 줄이는 대신 과제를 통해 경험을 쌓을 수 있는 프로젝트 학습으로의 변화를 시도했습니다.

Q

이 모든 변화가 짧은 시간 안에 이루어지다 보니 교사나 학생들도 적응하는 데 어려움이 있었을 텐데요. 선생님이 수업에서 가장 신경 쓴 부분은 무엇인가요?

 수업의 형태에 따라 수업 내용을 보완하고 새롭게 구조화 한다는 게 사실 쉽지는 않았어요. 많은 것이 대면 수업에 서는 어렵지 않게 이뤄지지만, 온라인 수업과 등교수업을 병행하면서부터는 학생들이 스스로 학습할 수 있는 체계를 만들고 이를 구조화해야 했으니까요. 아이들도 지금까지 온오프라인의 상 황에서 학습의 흐름과 내용을 이해하고 적절한 자료를 통해 혼자 공 부해본 경험이 없었기 때문에 무척 힘들어했습니다. 누구도 경험해 보지 못한 이 상황은 교사나 학생들의 입장에서도 큰 도전이었어요.

온라인 수업을 시작한 초기에는 많은 수업을 영상으로 진행했어 요. 그러다 보니 아이들은 영상에 대한 피로감을 많이 느끼는 것 같 았어요. 또 교사 입장에서는 열심히 영상 자료를 만들지만, 노력한 만큼 원하는 결과가 나오지 않아 아쉬웠어요. 학부모 또한 수업 때 문에 아이들에게 휴대전화나 태블릿PC를 주었지만, 수업이 끝나고 나서 게임을 하거나 유튜브를 보는 것이 못마땅했을 겁니다.

그래서 제 경우에는 가능한 한 영상을 배제하고 수업하는 방법을 찾기 위해 고민했어요. 등교수업 때 학습에 대한 부분을 설명한 후 과제를 내주고, 온라인 수업에서는 교사가 제시한 자료나 인터넷 조사를 통해 과제를 수행하는 과제 해결 중심의 수업으로 진행했습니다. 최대한 등교수업 때 프로젝트 과제를 자세히 설명해서 아이들이 집에서도 스스로 학습할 수 있는 환경을 만들고자 노력했습니다.

Q

미래의 언젠가는 온라인 수업이 이뤄질 수도 있겠구나 막연하게 생각했지만, 이렇게 빨리 현실이 될 거라고는 아무도 생각하지 못했습니다. 그런데도 많은 교사들이 온라인 수업에 비교적 잘 적응하는 것 같아요.

대한민국의 모든 교사들이 온라인 수업에 적응하기 위해 피나는 노력을 기울였습니다. 물론 몇몇 교사들은 매너리즘에 빠진 것처럼 보이기도 했지만요. 조금 편하게 수업을 이끌어가기 위해 기존의 영상을 그대로 공유하거나, 아이들에게 과제만 잔뜩 던져주기도 해요. 초기에는 어쩔 수 없는 상황적인 부분이 있기 때문에 이해했지만, 이런 형태가 점점 굳어지는 건 바람직하다고 할 수 없습니다. 교사들 중에 등교수업보다 온라인 수업을 편하게 생각하는 이들이 많다는 점은 제 입장에서는 아쉬운 부분입니다.

아이들이 겪고 있는
문제는 무엇일까

팬데믹 상황이 길어지면서 아이들도 많은 어려움을 겪고 있습니다.
이번 상황으로 인해 학생들이 겪고 있는 가장 큰 문제는 무엇이라고
생각하세요?

많은 언론에서는 학생들이 겪는 어려움을 학력 저하로 봤
어요. 하지만 아이들의 이야기는 전혀 다릅니다. 아이들
은 학습의 질이 떨어지는 것보다 학교에서 마음껏 뛰어놀
지 못하는 데서 오는 갈증을 호소해요. 원래 놀이Play의 어원은 갈증
을 뜻하는 라틴어 플라가Plaga에서 유래했어요. 목마른 사람이 우물
을 파듯 놀이는 인간의 원초적인 갈망을 의미합니다. 1년이 넘게 지
속된 팬데믹으로 인해 집에만 갇혀 지내는 아이들은 온라인 수업 후
에도 영상을 보거나 게임을 하면서 하루를 보냅니다.

대다수의 아이들이 게임과 영상을 좋아하는 건 사실이지만, 나이
가 어릴수록 몸을 움직이면서 노는 것을 더 좋아합니다. 아이들이

게임과 영상에 빠지는 이유는 역설적이게도 몸으로 놀 수 없기 때문입니다. 놀이는 삶의 일부분입니다. 아이들은 놀면서 배우고 성장하며, 놀이를 통해 규칙을 익히고, 사회성을 길러요. 노는 과정을 통해 협력과 경쟁, 배려와 성취를 알아갑니다. 교육청이나 학교에서 온라인 수업의 환경을 만드는 것에 집중하다 보니 아이들의 삶에서 놀이를 놓친 측면이 아쉽게 다가옵니다.

또한 아이들은 온라인 수업에 많은 부담을 갖고 있어요. 학부모들은 초등학교 고학년쯤 되면 스스로 잘할 거라는 기대를 해요. 하지만 온라인 수업을 통해 스스로 공부한다는 건 생각보다 쉽지 않아요. 온라인 수업은 생각보다 많은 능력을 필요로 합니다. 디지털 기기도 다루어야 하고, 학습 시간과 놀이 시간도 적절히 배분할 수 있어야 합니다. 또 오랜 시간 영상을 보면서 학습할 수 있는 집중력도 필요해요. 과제를 제출하고 나서는 교사의 피드백을 보고 학습한 내용을 확인하고 수정도 해야 합니다.

어쩌면 아이에게 교사나 학부모가 원하는 수준만큼 학습해주기를 바라는 그 자체가 무리이기도 합니다. 교사가 과제물을 자세히 설명해도 한 번에 정확하게 이해하고 학습하는 학생은 그리 많지 않아요. 그런데도 교사는 수업 참여가 저조한 학생들을 다그칠 수밖에 없어요. 학부모 역시 직장에서 돌아와 아이가 수업을 잘 받았는지, 과제는 제대로 했는지 확인합니다.

주변의 도움 없이 아이가 혼자 과제를 수행하는 데서 오는 부담이 상당히 클 수밖에 없어요. 교사는 전화, 카톡, 줌 등 다양한 방법으로 질문을 듣고 과제에 대한 도움을 주려고 노력하지만, 현실적으로 그것만으로는 부족해요. 어떻게 하면 학생들이 느끼는 부담을 줄일 수 있을지 우리 모두 고민해봐야 합니다.

Q

학생들이 느끼는 부담감이나 놀이 활동 등의 어려움을 해결하기 위한 방법이 있을까요?

우리는 팬데믹을 통해 몇 가지 사실을 깨달았어요. 아이들에게는 무엇보다 '사람'이 필요하다는 겁니다. 온라인 수업을 하면서 정부나 교육청의 다각적인 지원이 이루어지긴 했지만, 아이들의 놀이, 식사, 생활 태도, 마음의 부담감까지 책임지지는 못했어요. 아이들한테는 경제적인 지원이 아니라 실제적인 도움을 줄 수 있는 사람이 필요합니다. 특히 아이에게는 자신을 잘 이해해줄 수 있는 부모의 지원이 가장 절실합니다.

현재 보육비 지원과 돌봄 제도를 통해 정부 차원에서 지원이 이루어지고 있어요. 하지만 무엇보다 맞벌이 부부를 위한 강력하고도 체계적인 정책이 시급합니다. 저는 미래 교육의 측면에서도 부모가 자녀 옆에 있을 수 있는 현실적이고 실제적인 지원이 꼭 필요하다고 봅니다.

많은 언론에서 팬데믹 기간 동안
아이들이 겪는 어려움을 학력 저하로 판단했어요.
하지만 아이들의 이야기는 전혀 다릅니다.
아이들은 뛰어놀지 못하는 데서 오는
갈등을 호소해요.
아이들은 놀면서 배우고 성장합니다.
놀이를 통해 규칙을 익히고 사회성을 기르며
노는 과정을 통해 협력과 경쟁,
배려와 성취를 알아갑니다.
온라인 수업 환경을 만드는 것에 집중하다 보니
아이들의 삶에서 놀이를 놓친 측면이
아쉽게 다가옵니다.

미래 교육을 위한
세 가지 제안

Q

교사와 학생, 학부모 모두가 힘든 고비를 여러 번 넘기며 1년이 넘는 팬데믹 기간을 견뎌 왔습니다. 오늘보다 내일이 좀 더 나아지기를 바라는 마음으로, 선생님이 우리 교육에 제안하고 싶은 것은 무엇인가요?

가장 먼저 제안하고 싶은 것은 온라인 수업과 등교수업을 접목할 수 있는 학습 플랫폼의 개발입니다. 지금은 많은 교사가 줌, 구글 행아웃, 미트, 밴드, 클래스팅, 유튜브, 카카오톡 등 다양한 플랫폼을 사용하고 있어요. 그런데 각자 원하는 도구를 쓰다 보니 수업의 안정성과 연결성이 확연히 떨어집니다. 교과전담교사 입장에서는 담임교사마다 사용하는 플랫폼이 다르다 보니 어떻게 수업을 준비해야 할지 난감해하기도 해요.

학년이 바뀌면 교사는 학생들에게 또 새로운 플랫폼을 알려주고 그곳에서 학습하도록 안내하겠지요. 학생이나 학부모도 새로운 플랫폼에 적응하기 위해 많은 시간을 할애하고 신경을 써야 합니다. 포스트 코로나 시대에 학교 교육은 등교수업과 온라인 수업을 병행할 가능성이 큽니다. 온라인 수업과 등교수업이 보다 안정적으로 운영되기 위해서는 반드시 학습을 지원하는 시스템 개발과 구축이 필요합니다.

둘째, 교육부에서는 교육 현장에 있는 교사들의 고충에도 귀를 기울여주시길 바랍니다. 교사들도 처음에는 혼란을 겪었지만, 이제는 온라인 수업에 대한 많은 경험과 노하우가 쌓였습니다. 지난 1년 동안 온라인 수업에 대한 인식뿐만 아니라 흐름 또한 많이 바뀌었어요. 교사들은 변화의 소용돌이 속에서 실제로 교육 현장을 경험하고 살아낸 사람들입니다. 그런데도 교육부나 교육청에서는 교사들의 목소리를 들으려 하기보다 여전히 일방적인 하향식 지침만 내리고 있습니다. 교육부나 교육청은 지금부터라도 교사들의 목소리에 귀를 기울이고 그에 따른 체계적인 정책을 세워야 할 것입니다.

셋째, 민원 중심의 교육정책을 개선해야 합니다. 교육청과 학교가 가장 무서워하는 것은 민원입니다. 지금의 온라인 수업이나 등교 수업에서 일어나는 대부분의 정책 변화는 민원을 중심으로 생각하고 판단한 것입니다. 실시간 화상 수업을 요구하는 목소리가 대표적인 예입니다. 하지만 먼저 생각해봐야 할 것은 실시간 화상 수업이 가장 좋은 수업 방법이냐는 것입니다. 쌍방향 수업이 지니고 있는 효과와 의미를 잘 따져보고 교사들에게 요구하기 전에, 학부모의 민원을 잠재우기 위한 일시적인 방편으로 실시간 화상 수업을 요구한 것은 아닌지 돌이켜보아야 합니다.

시대적 흐름에 따라 앞으로 교육계는 더 많은 교육적 변화를 요구받게 될 것입니다. 그때마다 교육의 방향이 민원에만 휩쓸려서는 안 됩니다. 포스트 코로나 시대를 맞아 교육의 방향과 목적을 분명히 세우는 일은 반드시 선행되어야 할 것입니다.

학부모가 묻고 선생님이 답하다

Q 코로나19 이전까지만 해도 저희 아이는 온라인 미디어에 노출
된 적이 거의 없었어요. 하지만 온라인 수업을 들으면서 선생
님이 참고 자료로 활용하는 동영상을 봐야 하고, 쉬는 시간에 온라인상에
서 친구들과 이야기를 나누다 보니 최근에 유행하는 게임이나 웹툰 등을
알게 되었어요. 아이가 호기심이 생겼는지 엄마 몰래 접속하기도 합니다.
이를 막을 수 있는 현실적인 방법이 있을까요?

A 팬데믹 이전에는 가정이나 학교에서 아이들의 핸드폰 사용을
제한해야 한다는 암묵적인 동의가 있었어요. 온라인을 통해 얻
을 수 있는 교육적 효과보다 나쁜 영향을 더 크게 보았기 때문입니다. 아
이들을 대상으로 조사하면 온라인을 통해 가장 많이 하는 활동 중 1위가
게임, 2위는 유튜브, 3위는 SNS(카톡, 틱톡 등), 4위가 웹툰이었습니다. 아
이들은 코로나19 이전에도 인터넷 기기를 학습보다 다른 활동에 더 많이
사용하고 있었어요. 학부모와 교사 모두 온라인 수업을 시작하면서 우려
했던 점이 인터넷 기기 사용에 따른 부작용이었습니다.

온라인 수업이 일반화되면서 아이의 인터넷 기기 사용을 허용할 수밖
에 없는 상황이 되었어요. 하지만 인터넷 기기의 허용은 어른들이 바라는

대로 바람직한 방향으로만 흐르지는 않고 있습니다. 저희 반 아이들도 수업이 끝나면 과제를 해야 하지만, 게임을 하고 유튜브를 보느라 과제를 하지 않는 경우가 있습니다. 많은 부모님이 아이가 과제는 하지 않고 게임만 하면 스마트폰을 빼앗고 사용을 제한하고 싶지만, 온라인 수업을 받아야 하기 때문에 훈계만 하고 다시 허용한다며 답답해합니다. 이런 상황은 학부모나 교사 모두에게 큰 걱정과 고민거리가 아닐 수 없어요.

그동안 학교에서는 인터넷 기기나 스마트폰의 사용에 대한 부정적인 예시를 통해 아이들의 무분별한 사용을 제어하는 데 목적을 두었습니다. 코로나19 이후에도 온라인 수업과 대면 수업을 병행하는 형태가 일반화될 것으로 예상됩니다. 그렇다면 아이의 인터넷 기기 사용은 더는 제재의 대상이 될 수 없습니다. 따라서 아이가 인터넷 도구를 바람직하게 활용하고 스스로 조절할 수 있게 하는 교육이 꼭 필요합니다. 앞으로 다가올 온라인 기반의 교육 환경에서 올바른 인터넷 기기의 사용법을 몇 가지 제시하고자 합니다.

첫째, 원칙 정하기입니다. 아이들은 인터넷 기기를 통해 게임, 유튜브, SNS 등을 하길 원합니다. 그럴 경우 확실한 원칙을 정하는 과정이 반드시 필요합니다. 아이들이나 학부모와 상담할 때 인터넷 기기의 사용에 대한 규칙이 있는 가정이 거의 없다는 사실을 알게 되었습니다. 아이의 인터넷 기기 사용 시간이 부모님의 상황이나 기분에 따라 달라질 때가 많더군요.

원칙이 없다 보니 아이는 부모의 기분에 맞춰 인터넷 기기를 사용하게 됩니다. 어떨 때는 게임을 한 시간을 해도 괜찮지만 어떨 때는 30분만 해도 훈계를 받기도 합니다. 아이의 입장에서는 혼란스러울 수밖에 없어요. 아이와 상의해서 원칙을 정하고, 그 원칙 안에서 인터넷 기기를 사용해야 합니다.

둘째, 인터넷 기기의 사용 일지를 쓰는 것입니다. 아이들은 자신이 인터넷 기기를 몇 시간이나 하는지 잘 모르는 경우가 많아요. 대부분의 인터넷 기기는 하루의 스크린 타임과 어떤 앱을 얼마나 사용했는지 확인이 가능합니다. 따라서 아이가 스스로 인터넷 기기의 사용 일지를 쓰다 보면 자신이 얼마나 인터넷 기기를 사용하는지 인식하게 됩니다.

언젠가 학교에서 아이들을 대상으로 핸드폰의 사용 시간을 확인한 적이 있어요. 일주일간 게임이나 유튜브를 한 시간을 아이들의 기억만으로 기록하게 했어요. 그리고 스크린 타임을 통해 실제 사용 시간을 확인했습니다. 대부분의 아이들이 자신이 기록한 것보다 훨씬 더 많은 시간을 게임이나 유튜브 시청에 썼다는 것을 확인했어요. 아이들은 사용 일지를 통해 자신을 돌아보고 스스로 절제할 수 있는 힘을 키울 수 있습니다. 또한 부모와 아이가 함께 핸드폰 사용에 대한 이야기를 나눌 수 있는 기회도 마련됩니다. 아무런 정보 없이 대화를 하기보다 구체적인 근거를 가지고 이야기할 때 아이도 더 쉽게 이해하고 수용할 수 있어요.

셋째, 가정에서 인터넷 기기를 대체할 만한 활동을 하는 것입니다. 온라인 수업으로 인해 집에만 있으면 아이는 마땅히 놀 만한 게 없습니다. 그때 손쉽게 놀잇감이 되는 것이 인터넷 기기입니다. 게임이나 다양한 영상은 아이들을 끝없이 유혹합니다.

아이가 집에서 다양한 놀이나 취미 활동을 할 수 있는 환경부터 마련해주는 것이 중요합니다. 만들기, 꾸미기, 악기 배우기, 동식물 기르기, 요리하기, 예체능 활동, 큐브, 보드게임, 레고 등 인터넷 기기를 대체할 만한 다양한 놀이나 취미 활동을 할 수 있게 해주세요. 많은 아이들이 집에서 할 일이 없거나 심심해서 핸드폰으로 게임이나 유튜브를 본다고 합니다. 온라인 학습은 집이라는 공간을 학습의 공간으로 바꾸는 것을 의미합니다. 따라서 집에서도 다양하고 의미 있는 활동을 할 수 있도록 도와주는 것이 중요합니다. ✽

PART 5

팬데믹을 통해 배운
좋은 수업의 기준

누구도 경험해보지 못한 급박한 상황 속에서도 교사들은 새로운 수업 환경에 적응하고, 수업을 함께 만들어나가고 있습니다. 많은 교사들이 고군분투하고 있지만, 달라진 수업 환경에 대한 학부모들의 우려도 큽니다. 또한 젊은 교사들에 비해 경력이 많은 고경력 교사들이 오히려 새로운 변화에 취약하지 않을까 염려하기도 합니다. 그들은 팬데믹 시대를 어떻게 헤쳐나가고 있을까요? 교육적 대응은 속도가 아닌 방향이며, 능력보다 의지에 달렸다고 이야기하는 고경력 교사를 통해 좋은 수업이란 무엇인지에 대한 성찰도 함께 나눠보겠습니다.

송칠섭 선생님

우포늪과 사말포늪에서 멱을 감으며 어린 시절을 보냈고, 고등학교를 졸업할 때까지 시골에서 자랐습니다. 대학 입시를 위해 상경했으나, 입시의 실패로 한동안 방황하다 뒤늦게 공부를 시작해 서울교육대학교에 입학한 후 교직의 길에 들어섰습니다. 한동대 교육대학원에서 석사를 마쳤으며, 저서로는 『행복한 책 읽기 수업』 『연극, 수업을 바꾸다』가 있습니다. 현재 서울 강일초등학교 교사로 재직하고 있으며, 교육실천이음연구소에서 연구와 함께 실천하며 살아가고 있습니다.

고경력 교사의
온라인 수업 적응기

Q

선생님은 교사 경력이 20년 이상인 고경력자입니다. 몇 해 전 이해찬 교육부 장관이 "나이 든 교사 한 사람이 그만두면 젊은 교사 두셋을 뽑을 수 있다."는 말로 고경력 교사들의 마음에 상처를 주기도 했어요. 이때 자의 반 타의 반으로 많은 선생님이 교직을 떠났어요. 그래서 학교에는 일할 수 있는 역량을 갖춘 교사가 부족해지기도 했어요. 코로나19 상황과 맞물려 많은 학부모들이 고경력 선생님들에 대해 새로운 변화에 적응하기 어렵지 않을까 하는 우려를 나타내기도 했습니다. 먼저 50대 교사의 눈에 비친 지금의 상황은 어떤가요?

감염병이 순식간에 확산되면서 학교뿐 아니라 사회 전체가 수동적으로 대처할 수밖에 없었어요. 학교는 교육부에서 내려오는 지침을 기다리며 더욱 수동적으로 팬데믹을 겪지 않았나 생각합니다. 그 과정에서 개학 연기-재연기-온라인 개학-온라인 수업이 이루어졌어요. 학교는 학교대로, 가정은 가정대로, 교육부는 교육부대로 극심한 혼란을 겪어야 했습니다.

코로나19는 사회 전반에 엄청난 변화를 가져왔습니다. 학교에서는 상황의 변화에 따라 짧은 시간에 판단하고 선택하고 실행하고 확인해야 하는 과정을 거쳤습니다. 마치 총성 없는 전쟁터처럼 보이기도 했어요. 학교에서는 학습 꾸러미, 온라인 학습 프로그램, 온라인 플랫폼 등을 실행하는 등 예년에 비해 엄청난 변화를 경험했어요. 보통 때 같으면 미리 서둘러 새 학년 준비를 했지만, 지난해는 무언가를 준비할 수 있는 상황이 아니었습니다. 그래서 손에 잡히는 대로 급하게 준비했던 것이 학습 꾸러미였어요.

교사들은 수업에 대비해 온라인 학습 프로그램을 배워야 했고, 프로그램 사용이 어느 정도 익숙해질 즈음에는 온라인 개학이 발표되었어요. 온라인 개학 발표 후에는 온라인 수업을 위한 플랫폼을 마련하는 게 시급했어요. 플랫폼 안에 수업을 어떻게 담아낼 것인가 고민하는 시간도 필요했습니다.

선생님께서는 온라인 수업의 방향을 어떻게 잡았나요?

온라인 수업이라고 해서 수업의 기본 구조인 계획-준비-진행-평가 및 피드백의 흐름이 변하는 건 아닙니다. 다만 온라인 수업을 준비할 때는 두 가지 측면을 염두에 두었습니다. 먼저 '나는 어떤 수업을 할 것인가?' '어떤 수업이 이 상황에서 효과가 있을까?' 라는 수업의 방향입니다.

그다음으로 수업의 방향에 따라 구체적인 계획을 세웠습니다. 수업의 아이디어를 내고 필요한 도구를 마련하는 것입니다. 실제 수업 중에는 여러 가지 변수를 적절히 조절하면서 수업을 진행했어요. 최대한 기존 교실 수업의 흐름을 온라인 수업에 맞게 구현하기 위해 노력했습니다.

등교수업에서 고민했던 것을 온라인 수업으로도 구현하고자 했다는 말씀이군요. 온라인 수업을 준비하면서 가장 중요하게 생각했던 부분이 있다면요?

온라인 수업을 준비하면서 '내 수업을 잘 펼쳐낼 수 있는 힘이 있어야겠다'는 생각을 했어요. 코로나19 이전에는 에듀테크* 기반의 수업에 대해 별다른 관심이 없었거든요. 아이들과 만나 서로의 감정을 공유하고, 대화하고, 활동하며 질문하는 것에 관심이 많아서, IT 기반의 수업은 적극적으로 생각해보지 않았어요. 하지만 등교수업을 할 수 없는 상황에서는 내가 하고

---

* 에듀테크EduTech: 교육Education과 기술Technology이 결합된 신조어로 교육 분야에 인공지능, 빅데이터 등 ICT 기술을 융합한 새로운 교육의 흐름을 말한다.

싶은 수업을 온라인으로 잘 담아내야 했기에 '수업'과 '내 수업'에 대한 생각을 바꿨습니다. 내가 원하는 수업을 하려면 온라인이든 오프라인이든 아이들 앞에 펼쳐낼 수 있는 폭넓은 준비가 필요하다는 사실을 깨달았어요. 한편으로는 내 수업이 어떤 수업인지 생각해볼 수 있었습니다. 아이들과 함께 성장할 수 있는 수업, 긴 호흡으로 만들어가는 수업이 '내가 지향하는 수업'에 가깝다는 생각이 들었어요. 어쩌면 이런 것이 이번 팬데믹을 통해 새롭게 깨달은 점이 아닌가 싶어요.

Q

에듀테크를 활용하는 수업에 관심이 없었던 선생님이 온라인 수업을 위해 하나하나 배워 나갈 때 어떤 마음이었을지 궁금합니다.

내가 할 수 있는 최선이 무엇인지를 먼저 고민했고, 무조건 최선을 다하자는 마음이었습니다. 지금은 당시의 심정을 떠올릴 수 있을 만큼 여유가 생겼지만, 그때는 온통 어떻게든 해야 한다는 생각만 했습니다. 더구나 온라인 수업에 필요한 기기를 배우고 다루는 과정에서 고생을 많이 했어요. 내 컴퓨터뿐만 아니라 아이들의 프로그램까지 신경 써야 하고, 프로그램이 원활하게 연결되어 작용하기까지 배워야 할 게 너무 많았어요. 오랜 시간 컴퓨터 앞에 앉아 있는 것에 익숙해지기까지도 시간이 꽤 걸렸어요.

온라인 수업에서
새로운 시도를 하다

Q

모든 교사들이 팬데믹 이후 많은 어려움을 겪었을 텐데, 선생님께서
팬데믹에 대처한 이야기가 궁금합니다.

코로나19와 관련된 소식을 처음 접했을 때만 해도 중국만
의 일이라 생각했어요. 메르스 때 수준으로 방역 기준이
나올 거라 생각해서 크게 염려하지 않았거든요. 그러다
대구에서 31번째 확진자가 나오고 대구 전체가 마비되는 것을 보고
나서 상황이 매우 심각하다고 느꼈어요. 그때부터 줌 활용법, PPT
영상 제작법, 구글 행아웃, MS팀즈 등을 정신없이 배웠습니다. 하지
만 낯선 IT 기기와 프로그램을 배우는 과정이 만만하지는 않았어요.

장시간 영상을 보고 배우는 것이 얼마나 힘든지 그때 처음 알았
습니다. 눈은 침침해지고, 집중은 잘 안 되고, 설명을 듣고 실습을
하다 보면 자꾸만 틀려서 다시 돌려보기를 수차례 했어요.

온라인 수업을 준비하는 과정이 새로운 세상을 만난 듯 낯설고

서툴렀어요. 처음에는 '이걸 어떻게 하지? 난 이쪽으로는 영 자신이 없는데' 하는 생각을 했어요. 그다음에는 '이 문제에 적극적으로 대응할 것인가? 소극적으로 대응할 것인가?'를 두고 고민했어요. 결국 전자를 선택했고, 지금은 이 방향으로 움직이는 것이 맞다는 판단을 내렸어요.

비록 서툴지만 천천히 온라인 수업을 준비해서 수업을 시작했습니다. 열심히 준비해서 기본적인 도구를 어느 정도 다룰 수 있는 수준이 되었지만 그것이 끝은 아니었어요. 내가 잘할 수 있는 수업을 미디어로 옮기는 과정에서 나의 의도를 충분히 반영한다는 게 생각만큼 쉽지 않더군요. 물속에서 손발을 허우적대는 것처럼 익숙하지 않았지만, 지금은 그런 어려움을 극복하고 나니 생존했다는 뿌듯함마저 생깁니다.

Q

서툴지만 천천히 준비했다는 말씀이 인상적입니다. 온라인 수업에서도 '온작품 읽기*' 수업을 했다고 들었습니다. 온작품 읽기는 대면 수업에서도 어려운 활동인데, 온라인에서 이런 수업을 진행한 이유가 뭔가요?

---

* 온작품 읽기 독서 활동의 한 방법으로 책을 한 권 선정해서 일부가 아닌 처음부터 끝까지 읽고 나서 선생님과 학생들이 함께 이야기를 나눈다. 아이들이 독서의 즐거움을 느낄 수 있게 하는 데 목적이 있다.

온라인 수업이라 해도 차시 또는 콘텐츠별로 수업을 구성하기보다 긴 호흡으로 갈 수 있는 수업을 하나 정도는 해보고 싶었어요. 하지만 저와 같은 학년을 맡은 선생님들이 수업을 함께 준비하기 때문에 우리 학급만 따로 교육과정을 구성하는 것은 어려운 상황이었어요. 그러던 중 동료 교사가 자율활동 시간에 사용할 자료를 구하는 게 힘들다는 이야기를 하더군요. 다른 교과는 교과서가 있어서 가르치기 수월한데 자율활동은 콘텐츠를 새롭게 만들어야 해서 어렵다는 거였죠.

그때 온작품 읽기를 자율활동의 주제로 해보자는 의견이 나왔습니다. 지난해 온작품 읽기 수업을 했던 선생님이 이 수업을 지지해주었어요. 또 다른 선생님이 온라인으로 구성하는 데 필요한 이미지와 자료를 구해서 영상으로 제작했어요. 온라인 수업으로 온작품 읽기 수업이 가능했던 것은 동료 선생님들과 함께 했기 때문입니다.

선생님의 이야기를 들어보니 좋은 수업을 만드는 데는 같은 학년 선생님들의 협력이 중요한 것 같습니다.

저는 현재 6학년 아이들을 맡고 있는데, 교사들이 많이 기피하는 학년입니다. 아이들이 크고 작은 문제를 일으키기 때문에 6학년 교사를 배정하는 게 이번에도 힘들 거라고 예상했어요. 우리 학교에는 학년 공모제라는 것이 있어요. 새 학기가 시작되기 전 12월에 담임교사를 미리 정하는 제도로, 매년 12월에 다음 해 6학년 담임 배정을 마무리합니다. 이런 제도가 어려운 시기를 극복하는 데 큰 도움이 되었어요.

새 학기가 시작될 즈음이면 매일 한 시간씩 같은 학년 선생님들끼리 회의를 합니다. 자주 모이다 보니 자연스럽게 공감대가 형성되기도 해요. 그런데 6학년 교과별 팀을 구성하다 보니 50대 이상의 고경력 교사들로 이뤄진 겁니다. 교사 배정을 다시 해야 하나 하는 의견도 있었지만 결국 그대로 팀이 구성되었어요. 아무래도 선생님들의 연배가 있다 보니 IT 기반의 수업이나 온라인 프로그램 등을 다루는 데 어려움이 따랐어요. 이를 습득하고 해결하는 과정에서 다양한 프로그램과 도구에 대한 자율 연수가 이루어졌습니다.

이때 프로그램을 다루고 콘텐츠를 만드는 방법을 공유하면서 기술적인 격차를 줄여 나갔어요. 그러면서 학급별로 달랐던 온라인 플랫폼이 자연스럽게 일원화되었어요. 학급 밴드로 학부모와 소통하고 구글 프레젠테이션으로 수업 콘텐츠를 만들게 되었습니다.

Q

이렇게 학년별로 움직이다 보면 다른 학년과 갈등이 생길 수도 있을 것 같은데요. 그런 문제는 없었는지요.

학년 간의 갈등은 없지만, 교육과정이 수시로 변하다 보니 학교와 학년의 결정이 부딪치는 경우는 종종 있었습니다. 특히 줌을 통한 실시간 화상 수업과 관련해서는 고학년과 저학년의 온도차가 심했어요. 현실적으로 저학년에서는 실시간 수업을 진행하는 게 정말 힘든데, 이런 부분을 학년 자율에 맡기지 않고 학교에서 교사들에게 요구하다 보니 갈등이 일어나더군요. 이런 갈등이 아직 해결되지 않은 채 수면 아래 있는 상태라서 앞으로도 반복될 것 같기도 합니다.

또한 교과전담교사와 담임교사 간에 갈등도 있긴 했습니다. 미리 협의가 이루어지지 않은 상황에서 교사들이 각자의 판단에 따라 대응하다 보니 문제가 생기는 겁니다. 등교수업 기간 동안 한 번은 교과 수업이 몇 시간을 들어오느냐가 쟁점이 되었어요. 교과전담교사와 담임교사의 입장이 서로 달라서 수업 시간을 조율하는 데 어려움이 많았습니다. 등교 일수가 부족한 상황에서 수업을 하게 되니 담임교사보다 교과전담교사의 수업량이 많아지는 상황이 발생하기도 했어요. 상황이 이렇다 보니 여기저기에서 불만이 터져나오더군요. 그런데 이런 문제는 앞으로도 언제든지 일어날 수 있다고 봅니다.

Q

학생들과의 관계에 대해서도 이야기를 해볼까요. 선생님께서 원하는 수업이 있다면, 아이들이 기대하는 수업이 있었을 것 같은데요.

한 학기를 마칠 즈음 아이들을 대상으로 설문조사를 했어요. 아이들이 어떻게 온라인 학습에 참여하는지, 온라인 수업에 대한 아이들의 생각은 어떠한지 전반적으로 살펴보기 위해서요.

결과를 확인해보니 아이들은 주로 예체능 중심의 수업을 재밌어했어요. 게임과 퀴즈 형식으로 콘텐츠를 올린 수업에 대한 만족도가 높았고, 수업을 정리하는 활동에서는 체험적인 요소가 있는 활동을 좋아했습니다. 아이들이 특히 흥미를 보였던 과제는 동영상 제작, 실과 음식 만들기, 미술 판화 찍기 등이었어요. 그 밖에 배움 공책을 정리하는 과제를 힘들어했지만 반대로 좋은 과제라고 생각하는 아이들도 많았습니다.

온라인 수업에서 느낀
성취감과 아쉬움

Q

온라인 수업을 하면서 어떤 점이 가장 힘들었나요?

처음에는 교육부에서 제시한 온라인 수업 유형을 보고 정말 막막했어요. 온라인 콘텐츠를 만들고 플랫폼에 올리는 방법 등을 배워야 했으니까요. 온라인 수업은 에듀테크에 관심 있는 선생님들의 전유물로만 여겼기에 그다지 관심이 없었습니다. 새로운 기술을 배우는 것도 문제지만 그보다 더 큰 문제는 따로 있었어요. 제가 잘하는 게 아무리 많아도 온라인 수업에 담아낸다는 게 한계가 있으니까요. 머리로는 이런 기술이 필요하다는 것을 이해했지만 몸이 따라주지 않으니 답답했어요.

그렇다고 후배 교사들한테 도움을 청한다는 것도 쉽지는 않았습니다. 에듀테크와 관련된 내용은 아무래도 젊은 후배들이 잘 알고 있겠지만, 왠지 학교에 처음 부임했을 때로 돌아간 기분이 들어 도움을 청하기가 망설여지더군요. 그동안 후배들을 가르치고 조언만

하다 후배들에게 도움을 청해야 하는 입장이 되었으니까요. 지금까지 쌓아온 경험에 배신당한 기분도 들면서 씁쓸한 느낌도 있었어요. 후배들은 쉽게 설명했을 텐데도 제 입장에서는 도무지 이해가 안 되는 게 많기도 했고요.

그때를 떠올리면 등산을 하는데 매일 새로운 산이 하나씩 솟아나는 듯한 기분이었어요. 산 하나를 넘으면 끝날 줄 알고 겨우겨우 정상까지 올라갔는데, 또 다른 산이 내 앞을 가로막고 있는 듯한 심정이었어요. 그렇게 지겹도록 반복되는 등산이 정말 힘들었습니다.

Q

선생님이 얼마나 힘들었을지 충분히 짐작은 되지만, 그 과정에서 교사로서의 뿌듯함이나 즐거웠던 기억도 있었을 것 같은데요.

같은 학년 회의에서 배움 공책[*]을 쓰기로 결정한 다음부터 매일 아이들의 과제를 확인하고 피드백을 해주었습니다. 처음에는 아이들이 피드백을 읽을까 하는 의구심도

* 배움 공책 오프라인 교실에서 교사가 판서를 하거나 중요한 내용을 전달하면 학생들은 공책에 정리를 한다. 온라인에서도 이와 마찬가지로 수업을 듣고 중요한 내용을 정리하는 공책을 배움 공책이라 한다. 교사에 따라서 정리 공책 또는 학습 공책 등 다양한 이름으로 부른다. 온라인 수업에서 교사가 수업 컨텐츠를 올리면 학생들은 수업에 참여하고 학습에 참여한 결과를 확인할 수 있는 방법이 필요하다. 학생이 수업에 참여한 후 수업 내용을 배움 공책에 정리하여 과제 게시판에 올리면 교사가 학생의 학습상태를 확인하고 다시 피드백을 할 수 있다.

들었지만, 그래도 피드백을 잘 해주는 것이 지금 상황에서는 최선이라는 생각으로 꾸준히 지도했어요. 그런데 시간이 지날수록 배움 공책의 피드백을 통해 아이들의 정리 수준이 좋아지는 것을 눈으로 확인할 수 있었어요. 그때 큰 보람을 느꼈습니다.

실시간 쌍방향 수업을 하면서부터는 학생들의 얼굴이 눈에 익어갔습니다. 아이들의 얼굴이 눈에 들어오니 질문을 던지고 반응하는 과정이 눈에 띄게 활발해졌어요. 이즈음에는 '이제서야 내가 수업을 하는구나' 하는 생각도 들었어요. 이렇게 아이들 얼굴도 알아가고 과제물에 꾸준히 피드백을 하다 보니 아이들의 과제 수준이 처음보다 비약적으로 발전하는 것이 보이기 시작했어요. 온라인 수업을 통해서도 아이들이 성장한다는 사실을 깨달았다는 게 가장 큰 수확이라고 생각합니다.

가르침에 대한 선생님의 신념이 느껴집니다. 그런데 한편으로는 온라인 수업에 대한 아쉬운 부분도 있었을 것 같아요.

주어진 상황에서 나름 최선을 다했다고 하지만 아이들의 참여를 충분히 끌어내지 못해 아쉬운 마음이 큽니다. 아무래도 지식과 정보를 전달하는 식으로 수업이 진행되는 것이 안타까웠어요. 아이들의 발달 과정상 단순한 정보 전달보다는 활동 중심의 수업이 꼭 필요한데, 팬데믹 상황에서 이런 활동이 제약을 받는 게 마음이 많이 아팠습니다.

또 교육과정 재구성의 차원에서 생각해보면 교과서는 주로 활동이나 그룹 중심으로 구성되어 있습니다. 온라인 상황에서 이런 부분을 구현한다는 게 생각보다 어렵습니다. 이런 이유로 또 다른 고민이 생기기도 했어요. 교육 내용을 오프라인 수업에 가깝게 재구성해야 하는지 아니면 처음부터 온라인 환경에 적합하도록 재구성을 해야 할지 혼란스러웠어요. 이런 고민을 충분히 녹여내지 못한 부분도 아쉬움으로 남습니다.

내가 원하는 수업을 하려면

온라인이든 오프라인이든

아이들 앞에 펼쳐낼 수 있는

폭넓은 준비가 필요하다고 느꼈어요.

아이들과 함께 성장할 수 있는 수업,

긴 호흡으로 만들어가는 수업이

'내가 지향하는 수업'에 가깝다는 생각이 들었어요.

어쩌면 이것이 이번 팬데믹을 통해

새롭게 깨달은 점이 아닌가 싶어요.

좋은 수업에 대해
고민하다

Q

선생님은 앞서 '내가 지향하는 수업이 무엇일까?'에 대해 고민했다고 하셨는데요. 자신의 수업 방향에 대해 고민하는 교사들이 많습니다. 선생님께서 생각하는 좋은 수업의 기준은 무엇일까요?

분명 좋은 수업은 있다고 생각하지만, 이것이 좋은 수업이다라고 특정한 상황을 정의하기는 어렵다고 봅니다. 다만 개인적으로 좋은 수업은 시대와 여건에 상관없이 항상 좋아야 한다고 생각합니다. 다시 말해 코로나19 이전이든 이후든 좋은 수업의 기준은 크게 다르지 않다는 겁니다. 배우는 사람에게 필요한 것을 잘 전수하고, 배우는 사람이 한 단계 성장할 수 있는 기회가 주어졌을 때 이것이 바로 좋은 수업이 아닐까요. 좋은 수업을 바탕으로 아이들을 성장시킬 수 있는 최적의 방법을 찾는 것은 교사의 몫입니다. 결국 자신만의 방법으로 아이들의 성장을 끌어낸다면 모두 좋은 수업이라고 생각합니다.

수업을 할 때 선생님이 특별히 중요하게 여기는 원칙이나 기준이 있
나요?

저는 학생들이 수업에 참여하려는 '의지'를 가장 중요하
게 생각합니다. 학생 스스로 배우고자, 알고자 하는 의지
위에 교사의 가르침을 얹으려 합니다. 그런 의지를 세 단
계로 풀어서 아이들을 가르치고 있습니다.

첫 번째는 실수를 수용하는 단계입니다. 아이들에게 "실수를 두
려워하지 말고, 친구의 실수를 비난하지 마라. 학교는 실수를 허용
하는 곳이고 여러분은 실수를 배우기 위해 여기에 있다."라는 말을
자주 합니다. 수업 중에 아이들이 머뭇거리거나 질문을 하지 않는
이유 중 하나가 '내가 잘못 말하면 친구들이 어떻게 생각할까?' 하는
두려움 때문입니다. 수업 시간에 질문이 사라지면 교사의 일방적인
전달로 인해 협소한 배움이 될 수밖에 없어요. 아이들은 교사의 가르
침에 따라 성장하기도 하지만 또래 간의 상호작용 속에서 더 많은 배
움을 경험합니다. 실수하는 게 두려워서 질문하지 못한다면 배움은
소수의 학생에게만 머물게 된다는 사실을 아이들에게 자주 이야기합
니다.

두 번째는 실수를 극복하기 위해 스스로 의지를 가지는 단계입니
다. 아이들이 교실에서 서로의 실수를 허용하고, 서로 용납하는 분
위기가 조성되면 자칫 '이래도 좋고, 저래도 좋다'는 식이 되어버릴

때도 있어요. 그럴 때면 아이들에게 "실수를 허용하고 용납하는 과정에는 나뿐만 아니라 다른 사람의 허용까지 포함되어야 한다. 여기서 스스로 돌아봐야 하는 것이 있다. 실수가 반복되면 그것이 실력이라는 점이다."라는 말을 합니다. 누구나 실수를 할 수 있지만, 그 실수에 대해 용납하는 것은 다른 사람의 입장이고, 스스로는 자기반성을 통해 실수를 줄이려는 노력을 해야 한다는 것을 가르치려는 것입니다. 저는 이 두 단계에서 필요한 '자기 의지'를 수업에서 중요한 가치로 보고 있어요.

세 번째는 의지를 실천하는 단계입니다. 의지가 있는지 없는지는 말이 아니라 실천을 통해서만 확인할 수 있습니다. 따라서 아이들에게서 이런 실천을 끌어낼 수 있도록 수업을 계획하고 준비합니다.

가장 먼저 실수가 허용되는 환경을 만들고, 자기반성의 기회를 제공하고, 이를 통해 아이 스스로 변화된 실천을 해나간다면 성장은 자연스러운 과정으로 이어질 수 있습니다.

Q

'자기 의지'가 가르침과 배움에 있어 중요한 열쇠가 된다는 말씀인가요? 마지막 질문입니다. 선생님의 열정적인 모습과 달리, 고경력 교사는 온라인 수업에 잘 적응하지 못한다는 사회적 인식도 있습니다. 이 점에 대해서는 어떻게 생각하세요?

변화를 수용하거나 거부하는 것은 연령이나 역량의 문제가 아니라 '태도'의 문제입니다. 고경력 교사에 대한 사회적 편견은 교사의 태도와 역량을 혼재해서 다루었기 때문에 일어난 현상이라고 생각합니다. 누구나 사고가 경직되면 배움을 거부하기 쉽고, 배움을 거부하면 변화를 더디게 받아들입니다. 저는 고경력 교사는 온라인 수업을 준비하는 데 어려움을 느낀다는 의견에는 동의하지 않아요. 물론 고경력 교사가 새로운 기술이나 방법을 배우는 데 시간이 좀 더 오래 걸릴 수는 있지만, 그들이 온라인 수업을 준비하는 데 취약하다고는 생각하지는 않습니다.

저는 경력의 많고 적음이 아닌 성향의 차이가 온라인 수업의 내용이나 질에서 차이를 가져온다고 생각합니다. 고경력 교사 중에도 온라인 수업을 완벽하게 준비하는 분들이 많아요. 그분들의 특징은 변화를 두려워하지 않고 새로운 것을 배우는 데 노력과 시간을 아끼지 않는다는 것입니다.

교사 커뮤니티에 올라오는 글을 봐도 '배움에 익숙한 교사'는 연령대를 불문하고 어떤 수업이든 잘 준비하며, '배움에 익숙하지 않은 교사'는 연령대를 불문하고 조금 덜 준비되어 있다는 것을 알 수 있어요. 온라인 수업을 잘 준비하는 것은 생각의 문제일 뿐 기능의 문제가 아닙니다.

좋은 수업은 시대와 여건에 상관없이
항상 좋아야 한다고 생각합니다.
다시 말해 코로나19 이전이든 이후든
좋은 수업의 기준은 크게 다르지 않다는 겁니다.
배우는 사람에게 필요한 것을 잘 전수하고,
배우는 사람이 한 단계 성장할 수 있는
기회가 주어졌을 때
이것이 좋은 수업이 아닐까요.

학부모가 묻고 선생님이 답하다
Q&A

Q 온라인 수업이 장기화되는 상황에서 아이의 공부습관을 잘 잡아주려면 어떻게 해야 할까요? 그동안 부족했던 부분을 채워주고 싶은데, 이 시간을 잘 활용할 수 있는 팁을 알려주세요.

A 가정에서 부모님이 자녀의 학습에 도움을 줄 수 있는 영역은 크게 듣기, 읽기, 쓰기, 셈하기(수학)로 나눌 수 있을 것입니다.

듣기의 경우를 먼저 생각해볼까요. 아이들은 부모의 음성에서 본능적인 안정감을 얻어요. 그런데 아이가 자라면서 숙제해라, 공부해라라는 부탁이나 기대를 담은 음성을 더 많이 듣게 됩니다. 반면 책 읽어주기는 부모가 자녀에게 무언가를 요구하지 않는 편안한 듣기입니다. 아이에게 매일 10~15분 정도 책을 읽어주세요. 아이의 교과서를 살펴보고 교과서에 나온 도서 위주로 시작하면 좋습니다.

읽기 영역에서도 책을 활용하는 것이 가장 쉽고 재미있습니다. 아이가 부모님 혹은 동생에게 좋아하는 책을 읽어주는 활동을 권장합니다. 매일 쪽수를 정해서 읽는 것이 좋은데, 이때는 아이와 충분히 상의해서 분량을 정해야 합니다. 많은 쪽수를 읽기보다는 아이가 꾸준히 읽을 수 있도록 지도해주세요.

쓰기의 경우 두 줄 쓰기를 권합니다. 온라인 수업이 끝난 후 내용을 두 줄로 요약하거나, 궁금했던 것, 새롭게 알게 된 것, 한번 해보고 싶은 것 위주로 지도하면 좋습니다. 두 줄 쓰기가 익숙해지면 아이 스스로 하나의 주제를 찾아 조사하고, 그 결과를 요약해보는 것도 권할 만합니다.

수학은 교과서의 복습을 권합니다. 교과서에 제시된 숫자를 바꾸어 문제 풀기, 식을 문장제(문장으로 제시된 문제)로 만들어 한 문제 풀기를 하면 도움이 됩니다. 이때 부모님의 욕심으로 많은 분량을 내줄 것이 아니라, 적은 양이라도 매일 조금씩, 꾸준히 하는 것이 중요합니다.

코로나19 상황에서 아이가 처음부터 스스로 학습을 하기는 어렵습니다. 부모님은 아이와 충분한 대화를 나눈 다음 스스로 할 수 있는 만큼만 제안하는 것이 좋습니다. 그런데 제가 제안한 내용은 부모님이 집에 함께 있는 경우에 가능한 것이라, 맞벌이 가정이거나 자녀가 혼자 집에 있을 때는 몇 가지 새로운 방법을 제안합니다. 그중 하나가 포스트잇을 활용하는 것입니다. 자녀가 자주 움직이는 동선에서 잘 보이는 곳, 가령 냉장고, 텔레비전, 신발장 등에 그날 해야 할 일을 적어두는 것입니다.

"아들! 수업 듣느라 애썼어. 동생에게 책 한 권만 읽어줄 수 있겠니?" "우리 딸, 텔레비전 보기 전에 짧은 소감 두 줄만 적어보면 좋겠다." "수학 문제 풀다 어려운 건 엄마가 봐줄게. 복습은 할 수 있지?" 이렇게요.

예약 문자를 활용하는 것도 좋습니다. 이때는 아이에게 지시하는 말투가 아니라 부탁하는 말투로 해주세요. "엄마가 가기 전까지 숙제 다 해놔."보다는 "오늘 숙제 확인했니? 엄마가 필요하면 언제든지 전화하렴." 이 좋습니다. ❄

PART 6

학교는 가정을
어떻게 도울 수 있을까

교실이 집으로 옮겨갔고, 학부모는 학교의 역할을 넘겨받았습니다. 답답하고 버거운 날이 이어지는 동안 학부모들은 우리 아이가 온라인 수업을 제대로 듣고 있는 건지, 다른 아이들과 학습 격차가 벌어지는 것은 아닌지, 언제까지 이렇게 학교에 갈 수 없는 건지, 앞으로 무엇을 어떻게 준비해야 할지 걱정스러운 마음뿐입니다. 학교와 학부모가 소통할 수 있는 기회가 줄어들면서 서로 간에 단절이 일어나고 신뢰가 무너지기도 했습니다. 학교는 위기의 가정을 어떻게 도울 수 있을까요? 학교와 학부모가 함께 이 시기를 현명하게 이겨나갈 수 있는 방법은 무엇인지 생각해봅니다.

INTERVIEW

배동건 선생님

대구교육대학교를 졸업하고 2003년 경기도 성남에서 첫 발령을 받았습니다. 2012년 남한산초등학교에서 아이들의 삶을 가꾸는 교육을 고민하기 시작했고, 지금은 용인 구성초등학교에서 아이들의 삶을 가꾸고 있습니다. 예술교육에 관심이 많아 아이들과 삶의 노래를 만들고, 그림을 통해 공부하면서 '새로운 예술교육'을 꿈꾸고 있습니다. 학부모와 함께 엮어가는 학교 교육과정에도 관심이 많으며, 아이들의 삶을 이해하고 사랑하는 교사가 되는 것이 바람입니다.

교실이 된 가정과
학부모들이 겪은 어려움

코로나19로 인해 가정은 어떤 어려움을 겪었는지 이야기해보았으면 합니다. 교실이 집으로 옮겨왔고, 학부모는 아이를 교육시키고 돌보는 학교의 역할을 넘겨받았습니다. 각 가정에서 일어난 변화부터 이야기해볼까요.

지난 1년간 학생이 학교가 아닌 집에서 수업을 듣는 낯선 상황에 놓였습니다. 수업의 장소가 학교에서 가정으로 옮겨가자, 학부모는 교사의 역할을 나눠 맡아야 했어요. 수업은 온라인으로 교사에 의해 진행되지만, 수업에 참여하기 위한 도구의 지원과 관리, 급식과 돌봄 등은 학부모의 몫이 되었습니다. 아이들이 배워야 할 것과 돌봄의 필요는 그대로인데, 수업의 도구가 바뀌면서 집이 학교가 된 것입니다.

학부모는 온라인 수업 도구를 활용하는 방법을 익혀야 했고, 아이들의 수업 환경을 만들어줘야 했으며, 아이들을 돌보고 먹이며 수업을 관리하는 역할까지 맡았습니다. 처음 겪는 상황에서 이런 일들까지 맡게 된 부모들의 마음은 매우 무거웠을 것입니다. 특히 맞벌이 가정이나 집에서 아이를 돌보지 못하는 가정에서는 더 큰 어려움을 겪었을 것입니다.

온라인 수업에 다양한 매체가 활용되면서 아이들의 미디어 사용시간이 늘어났습니다. 수업에 유튜브 같은 온라인 콘텐츠가 자주 활용되다 보니 평소 미디어의 노출을 꺼렸던 학부모들의 걱정도 그만큼 커졌습니다. 지금까지 컴퓨터나 스마트폰의 콘텐츠 접근을 제한했던 가정도 많았을 겁니다. 학부모들은 아이들이 전자 기기의 사용을 스스로 잘 조절할 수 있을지 걱정했습니다. 교육부와 학교는 온라인 수업을 실시하는 데는 적극적이었지만, 이에 대한 부작용에 대해 고민하거나 대책을 세울 겨를이 없었어요.

또 다르게는 학부모와 자녀가 함께하는 시간이 늘어났습니다. 그동안 초등 고학년의 경우, 학원을 마치고 저녁이 되어서야 식구들끼리 모여앉을 수 있었어요. 그런데 아이들이 학교와 학원에 가지 못하고, 부모가 자녀를 돌보는 시간이 늘어나다 보니 이전보다 부모와 자녀가 대화를 나누는 시간도 늘어났습니다. 함께 시간을 보내고 대화가 많아진 것은 긍정적인 변화이겠지만, 한편으로는 학부모가 직접 온라인 수업을 아이 옆에서 관리하다 보니 학습과 관련된 대화가 늘어나면서 또 다른 갈등이 일어나기도 했어요. 지금까지 몰랐던 자녀의 학습 수준과 태도, 자녀의 부족한 면을 직접 눈으로 확인하면서 부모들이 불안함과 초조함을 느꼈기 때문입니다.

학부모와 아이들 사이에 학습 갈등이 발생한 것이군요. 그렇다면 자녀들의 온라인 수업을 관리하는 학부모들의 모습은 어떠했나요?

 학부모들이 보여주는 모습은 몇 가지 유형으로 나뉩니다. 첫 번째는 부모가 집에 함께 있으면서 자녀의 온라인 수업과 생활을 적극적으로 도와주는 경우입니다. 부모가 자녀와 함께 학습 계획을 세우고, 아이가 수업을 하는 동안에도 옆에서 자세히 지켜봅니다. 온라인 수업에서 생기는 교사의 빈자리를 부모가 채워주는 셈입니다. 아이는 부모의 적절한 지원과 도움을 받으며 효율적으로 학습 과제를 해결합니다. 아이는 가정에서 부모와 긍정적인 유대관계를 맺으며 유익한 시간을 보냅니다. 교우 관계에서 어려움을 겪는 아이는 이런 경우 온라인 수업을 더 선호하기도 합니다.

두 번째는 부모가 함께 있지는 못하지만, 수업에 틈틈이 도움을 주는 유형입니다. 부모는 아침에 수업에 필요한 것을 준비해주고, 퇴근 후 늦더라도 학습의 빈 부분을 채워주기 위해 노력해요. 아이는 부모가 집에 없어도 수업에 성실하게 참여하고자 합니다. 하지만 아무래도 혼자서 많은 것을 해결해야 하니 꼼꼼하지 못하고 놓치는 부분이 생기기도 합니다. 교사로서 고마움과 미안함을 가장 많이 느끼는 경우입니다.

세 번째는 부모가 집에 함께 있지만, 자녀의 수업에 비협조적인 유형입니다. 학교 수업은 전적으로 학교의 일이라 생각하고, 자녀의 수업을 적극적으로 돕지 않아요. 시간이 지날수록 자녀의 학습을 돌봐야 한다는 부담감이 커지고, 온라인 수업이 아니었다면 알지 못했을 아이의 수업 태도에 스트레스를 받기도 합니다. 그러다 보니 자녀와 갈등이 일어나거나 충돌하는 횟수가 많아지고, 그 원인을 학교에 돌리기도 합니다. 아이는 수업에 참여하긴 하지만, 잘 집중하지 못하고 겉도는 경향을 보입니다.

마지막으로 부모가 너무 바빠 자녀의 수업을 적극적으로 돕지도 못하고 관심도 적은 유형입니다. 아이도 온라인 수업에 잘 참여하지 않고 매우 소극적인 태도를 보이는데, 교사들이 가장 고민하는 유형입니다. 교사가 꾸준히 아이를 설득하고 격려하지만, 아이는 거부하거나 회피하려는 경향을 보입니다. 등교수업이 아니라 온라인 수업이기 때문에 이런 경우 교사가 아이에게 영향을 미치는 데는 한계가 있습니다. 교사가 학부모에게 도움을 청해보기도 하지만, 큰 변화는 일어나지 못합니다.

제가 경험한 바로는 부모와 자녀의 관계는 아이의 수업 태도와도 연관이 있습니다. 부모가 자녀와 소통하지 못하고 친밀하게 지내지 못할 경우, 아이는 대부분 수업에 제대로 참여하지 못합니다. 부모의 마음가짐이나 태도가 아이의 마음가짐이나 태도로 그대로 이어지기 때문입니다. 학부모가 어떤 태도와 자세로 아이를 양육하느냐에 따라 아이의 배움과 성장에 격차를 만든다는 것을 꼭 염두에 두어야 합니다.

학부모에게 말을 거는
학교가 되기 위한 노력

학교에 대한 학부모들의 불만의 목소리가 큽니다. 팬데믹이라는 특수한 상황을 고려하더라도, 학교와 학부모와 잘 소통하지 못한 것은 확실해 보입니다. 학교가 놓친 것은 무엇일까요?

보통 새 학기가 되면 학부모총회를 시작으로 학부모 상담, 학부모 공개수업, 개별 면담 등을 통해 학교와 학부모의 관계가 이어집니다. 교사는 일정 기간 아이와 함께 생활하며 아이를 파악한 후 학부모와 소통하고, 한 해 동안 서로 협력하며 아이들의 성장을 도모합니다. 하지만 지난해는 이 모든 것이 중단되었습니다. 학부모와 교사가 직접 만날 수 없는 상황이 지속되었지만, 학교에서는 별다른 대책을 세우지 못했어요. 급변하는 학교 밖 상황에 집중하느라 학부모와 제때 소통할 수 있는 기회를 얻지 못한 것입니다.

3월이 되어도 아이들은 선생님을 만나지 못했고, 학부모들은 그런 모습을 한동안 지켜봐야 했습니다. 아이들이 학교에 가지 못하는 기간이 길어지고 수업 일수가 줄어들자 학부모들의 불안은 더욱 커졌고, 온라인 수업에 올라온 학습 콘텐츠와 유튜브 영상에 대해서도 불만이 쏟아졌습니다.

교사는 아이들의 얼굴도 본 적 없이 온라인 수업을 시작해야 했습니다. 온라인 수업이 자리를 잡고 다양한 방식으로 수업이 진행되었지만, 부모들의 불안한 마음은 여전했습니다. 수업 시간이 늘어나고, 수업의 질이 높아지고, 첨단 기술이 더해져도 우려는 사라지지 않았어요. 모두가 수업의 방법과 기술을 익히는 데 여념이 없다 보니 한 가지 중요한 것을 놓치고 있었기 때문입니다. 바로 교육의 본질인 '관계'입니다. 3월이 되면 자연스럽게 맺었던 교사와 학부모의 관계부터 시간이 흐르면 저절로 이루어지는 줄 알았던 '내 학생들' '우리 선생님'의 관계가 이렇게 중요한지 그전까지는 알지 못한 것입니다. 아이들에게는 '수업 강사'가 아닌 '교육의 보호자'가 필요하고, 교사는 '지식의 전달자'가 아닌 '배움의 부모'이자 '교육적 보호자'였던 것입니다.

Q

그렇다면 학부모와의 관계를 회복하기 위해 학교에서는 어떤 노력을 기울여야 할까요?

많은 학부모들이 학교에 대한 불만을 토로했습니다. 일부 학부모는 학교가 아무것도 하지 않는다며 민원을 제기하기도 했어요. 이렇게까지 서로의 관계가 악화된 원인은 학부모들이 학교가 하는 일을 볼 수 없었기 때문입니다. 아이들이 흔들림 없이 배울 수 있도록 많은 교사들이 노력했지만 그런 과정이 부모들에게 잘 전달되지는 못했어요.

교사들이 변화된 수업 환경에 적응하고, 갑작스러운 정책 지시에 대응하며 새로운 결정을 내리는 과정은 결코 쉽게 이루어진 것이 아닙니다. 교육과정을 수없이 갈아엎고, 학사일정과 등교 방법을 상황에 따라 계속 바꿔나가야 했으니까요. 온라인 수업을 위한 도구를 정하고 익히는 데도 많은 시간과 노력이 필요했습니다.

그런데 학교의 위기는 곧 가정의 위기이기도 했습니다. 교실의 위기는 교사의 위기가 아니라 아이들의 위기로 이어졌습니다. 위기를 극복하는 것은 교사이지만, 마음을 졸이고 발을 구르는 것은 가정이었어요.

재난이 닥쳤을 때 가장 큰 두려움은 그 해결 과정을 눈으로 볼 수 없는 데서 시작됩니다. 학교는 위기일수록 그 결정과 판단 과정을 아이들과 학부모에게 보여주고 공유해야 합니다. 그렇게 했다면 학교는 불만이 아닌 격려와 위로를 받았을지도 모릅니다.

물론 학교의 속사정을 낱낱이 알려주고 상황을 설명하는 것이 쉽지는 않지만, 위기와 어려움이 닥칠수록 학교는 더 많이 보여주고 문을 활짝 열어야 합니다. 문자를 보내고, 글을 올리고, 온라인 간담회를 여는 등 다양한 채널을 통해 학교가 지금의 상황에 어떻게 대처하고 있는지 학부모들에게 수시로 안내해야 합니다. 많은 교사들이 다양한 노력을 기울였음에도 결실이 적었던 이유에는 학교를 둘러싼 구조적 문제가 있었습니다. 어떤 결정을 할 때마다 교육청의 지침을 기다리느라 시시각각 바뀌는 상황에 유연하고 발 빠르게 대처할 수 없었던 것입니다.

학교 구성원 누구도 피해를 받지 않을 결정을 내려야 했기에 위에서 내려오는 공문과 지침을 기다려야 했고, 감사를 고려하다 보니 쉽게 무언가를 시도할 수 없었습니다. 교내 구성원들의 논의 과정, 학년 간의 이해관계, 예산의 결정 방식, 하나의 결정에도 여러 협조를 구해야 하는 절차 또한 방해물이었습니다. '이러다 일이라도 생기면 누가 책임지는 거지?' 라는 질문에 많은 논의가 원점으로 돌아갔습니다.

위기가 닥칠수록 학교는 아이들에게로 향해야 합니다. 학교가 우선으로 여겨야 할 것은 공무나 행정이 아닌 아이들이어야 합니다. 아이들을 향하는 것은 학부모를 향하는 것이기도 합니다. 학교가 아이들을 향하고, 교육부는 학교를 살피고 지원해야 아이들이 흔들림 없이 배울 수 있어요. 지금까지 교육부는 학부모의 말만 들었고, 학교는 교육부와 교육청의 지시만 기다렸고, 학부모는 학교의 결정만 바라보았습니다. 모두 바라보는 방향이 달랐던 겁니다.

코로나19의 상황은 시시각각 변했고, 그 불안의 크기도 하루하루가 달랐습니다. 느리게 가는 불안의 시간 동안 학교가 아이들을 위해 해야 할 일은 교육부의 브리핑보다 먼저 가정의 목소리를 듣는 것이었어요. 어쩌면 이번 팬데믹을 겪으며 학교는 학부모와 좀 더 쉽게 소통하는 방법을 배울 수 있는 기회를 얻었는지도 모릅니다. 학교는 더 자주 학부모에게 말을 걸고, 학교의 이야기를 전할 수 있어야 합니다.

모두가 수업의 방법과 기술을 익히는 데
여념이 없다 보니 한 가지 중요한 것을
놓치고 있었습니다.
바로 교육의 본질인 '관계'입니다.
3월이 되면 자연스럽게 맺었던
교사와 학부모의 관계부터 시간이 흐르면
저절로 이루어지는 줄 알았던
'내 학생들' '우리 선생님'의 관계가
이렇게 중요한지 그전까지는 알지 못한 것입니다.
교사는 단지 지식을 전달하는 존재가 아니라
아이들의 교육적 보호자였던 것입니다.

신뢰를 바탕으로 한 소통, 소통을 바탕으로 한 신뢰

Q

교사가 학부모와 친밀한 관계를 맺는 가장 좋은 방법은 무엇이라고 생각하세요?

학부모와의 관계는 신뢰와 소통, 두 가지로 설명할 수 있습니다. 교사는 학부모와의 신뢰를 바탕으로 소통해야 하며, 또 소통을 통해 서로 간에 신뢰가 쌓입니다. 교사가 아이들을 가르치면서 긍정적인 변화와 성장이 일어나면 아이가 학교생활을 행복해합니다. 아이가 학교생활을 행복해하면 학부모는 교사를 신뢰하게 되고, 신뢰가 쌓이면 소통도 쉬워집니다.

학부모들은 온라인 수업을 통해 교사와 학생 간의 관계를 들여다볼 수 있었습니다. 온라인 수업을 하는 동안 아이를 향한 교사의 마음을 느끼면 학부모는 자연스럽게 교사를 신뢰하게 됩니다. 수업을 통해 보여지는 교사의 열정, 관심과 애정, 수고와 성실은 학부모의 마음을 움직이는 결정적인 역할을 합니다. 교사가 아이들의 삶과 배움을 챙기고, 적극적으로 아이들과 관계를 맺고 대화하고, 나아가 아이의 성장과 변화를 끌어내려 노력한다면, 한발 멀리 서 있던 학부모와도 소통할 수 있습니다. 학부모가 원하는 소통의 목적은 결국 자녀를 향한 교사의 관심과 사랑이기 때문입니다.

온라인 수업을 하는 동안 교사와 학부모가 직접 대면할 수는 없었지만, 온라인에서의 만남은 가능했어요. 전화나 문자, 다양한 미디어의 활용으로 아이의 교육적 상황이나 생활 태도 등에 대해 이야기 나눌 수 있습니다. 그리고 그것을 수업과 학급 운영에 잘 반영했을 때 학부모의 신뢰는 높아집니다. 교사는 학부모의 의견을 끊임없이 물어보고, 정보를 주고받고, 학부모의 참여를 유도해야 합니다. 그것이 교사가 학부모와 친밀한 관계를 유지할 수 있는 가장 좋은 방법입니다.

Q

온라인 수업을 통해 교사의 수업 과정이 가정에 공개되었습니다. 학부모는 언제라도 수업을 확인할 수 있고, 저학년의 경우 거의 학부모와 같이 수업을 받고 있어요. 매일이 공개수업이나 다름없습니다. 이런 상황이 교사와 학부모의 관계에 어떤 영향을 주었을까요?

 교실 수업이 가정으로 들어갔습니다. 지금까지의 교실 수업은 아이들이 몸으로 부대끼며 배우는 '생활 교육'의 형태였기 때문에 교사들도 처음 온라인 수업을 시작할 때는 무척 당황스러웠습니다. 많은 수업이 활동 중심으로 이루어지는 데다 학생들의 수업 태도와 성실성까지 함께 다루기 때문에 이 모든 것을 하루아침에 온라인으로 구현한다는 게 결코 쉽지 않았습니다. 교사들은 자신의 온라인 수업에 부족함은 없는지, 다른 기존 인터넷 강의에 비해 내용이 부족하지는 않을지 걱정이 많았습니다.

물론 오랜 시간 축적된 자료와 기술이 적용되는 인터넷 강의나 방송 수업과 비교할 수는 없겠지만, 우려와 달리 온라인 수업은 점점 자리를 잡아 갔습니다. 교사들은 화상 토론 수업이나 모둠 활동, 영상으로 나누는 과제, 원격 동아리 활동, 수업 상담 등 다양한 수업 방법을 개발하고 정착시켜 나갔어요. 일방적인 문제 풀이식 수업과 달리 선생님과 아이들이 소통하는 새로운 형태의 수업도 잘 정착되었다고 생각합니다. 교사들의 이런 모습은 학부모들이 학창 시절 본 교사의 모습과는 많이 달랐을 겁니다. 대부분의 교사들은 아이 한 명 한 명에 애정과 관심을 쏟으며, 권위적이지 않고 친근한 태도로 수업에 임합니다.

하지만 교사들이 매일 수업을 준비하기 위해 얼마나 많은 노력과 시간을 쏟는지는 잘 알지 못합니다. 일부 학부모들은 아이들의 수업이 끝나면 교사들이 할 일이 없을 거라고 말하기도 하니까요. 이렇게 교사들의 업무에 대한 이해가 없기 때문에 교육부조차 수업이 끝난 후 돌봄이나 방과 후 업무 등을 교사들에게 위임하려고 합니다.

가끔 다른 반 수업이 한창일 때 복도를 지나가다 보면 동료 교사들이 얼마나 열정과 정성을 다해 수업에 임하는지 세삼 느끼곤 합니다. '아이들 앞에 선 가르치는 자의 본능'처럼 온 힘을 다하는 모습입니다. 교사들의 이런 모습이 온라인 수업을 통해 학부모들에게도 잘 전해지기를 바랍니다. 어쩌면 온라인 수업이 교사의 열정과 노력, 아이들을 향한 마음이 전달되는 좋은 기회가 되지 않을까 생각해봅니다.

학교는 학부모를 위해 무엇을 해야 할까?

Q

학교와 가정, 교사와 학부모는 앞으로 어떤 식으로 관계를 맺어야 한다고 생각하나요?

학교는 단순한 배움터가 아닌 교육의 본질을 추구하고, 아이들의 전인적 성장을 지향하는 곳이어야 합니다. 학교는 교실에 앉은 눈앞의 학생만 만나는 것이 아니라 학생의 삶도 함께 살펴야 해요. 저는 그렇게 되려면 학부모의 협력이나 가정과의 연계가 꼭 필요하다고 생각합니다. 지금까지 학교와 교사는 학생의 삶을 매개로 학부모와의 협력 관계를 만들어왔어요. 하지만 코로나19로 인해 학생의 삶이라는 매개가 약해졌고, 교사와 학생과의 관계도 이전만큼 친밀하지 못합니다.

그럼에도 학교와 가정이 더 밀착하고 교사와 학부모가 더 협력하기 위해서는 학교가 먼저 학부모에게 다가가야 합니다. 지금까지는 학교와 가정이 학생과 교사라는 매개를 통해 연결되었어요. 학교는 학부모와 교사, 학생과 교사와의 관계로 가정과 연결되어 있지만, 각각이 차지하는 비중은 다릅니다. 〈그림1〉처럼 학교는 학부모보다 학생과 직접적인 관계를 맺고, 학교는 주로 그 관계를 통해 가정과 연결되었습니다. 학교는 학부모 대표나 학교운영위원 같은 일부 학부모들과 직접적인 관계를 맺고, 교사와 학부모는 상담을 통해서 일시적으로 관계를 맺어왔습니다.

〈그림1〉 일반적인 학교와 가정의 관계

그런데 교실 문이 닫히고 온라인으로 아이들을 만나면서 교사와 학생 간의 직접적인 만남이 줄어들고 관계의 크기도 작아졌어요. 학생들과 직접 보고 만나지 못하니 밀접한 관계를 맺기가 힘들어졌습니다. 그러자 학교와 가정이 더욱 멀어지고, 〈그림2〉처럼 관계에서 틈마저 생겼습니다. 학생과의 관계가 깊어질 수 없는데, 학부모와의 관계마저 그대로였기 때문입니다. 학교는 코로나19로 인한 혼란에 대처하는 동안 가정과 점점 멀어지는 것을 눈치채지 못했어요. 서로의 사이에 틈이 생기고 연결하던 끈은 떨어졌습니다. 학부모들의 불만이 쏟아져나올 즈음에야 비로소 가정이 학교에서 멀어져 있다는 것을 알게 되었습니다. 멀어진다는 사실을 인식하지 못했으니 당연히 제대로 대처하지도 못했습니다.

〈그림2〉 팬데믹 상황에서 학교와 가정의 관계

　　이런 상황에서도 많은 교사들이 가정과의 관계를 이어가기 위해 노력했습니다. 학부모에게 전화를 걸고, 아이에 대해 이것저것 물어보며 상담도 했어요. 온라인 수업에 참여하지 않는 아이의 안부를 걱정한 문자를 보내기도 했습니다. 익숙하지 않았지만 교사는 학교와 가정을 연결하기 위해 빈틈을 메우려 애써왔습니다.

〈그림3〉 팬데믹 이후 학교와 가정의 관계

　　학교는 학부모들에게 먼저 손을 내밀어야 합니다. 학부모가 학교와 교사에게 먼저 손을 내밀기는 어렵습니다. 손을 내밀고 또 손을 잡는 것은 학교가 해야 하는 역할입니다. 팬데믹 이후 앞으로 학교가 할 일은 학부모들이 소통할 수 있는 장을 만들고, 그들이 이야기를 주고받을 수 있는 다양한 채널을 만드는 것입니다. 학부모 독서 모임, 학부모가 운영하는 프로젝트 수업, 학교 교육과정과 수업 설명회, 학부모 교육 프로그램 등 채널은 다양하고 많을수록 좋습니다. 그리고 이런 채널을 가능한 한 학부모들이 직접 꾸려갈 수 있도록 도와야 합니다.

〈그림3〉처럼 학교는 교사와 학생 간의 접점이 줄어들면서 생겨난 거리를 학부모와의 직접적인 관계를 통해 연결시켜야 합니다. 이렇게 학교와 학부모를 연결하는 고리가 생긴다면 앞으로 코로나19와 같은 위기가 다시 온다 해도 학교가 가정을 놓치지 않을 것이며, 가정도 학교에서 멀어지지 않을 것입니다.

Q

다가올 포스트Post 코로나 혹은 위드With 코로나 시대에도 교육이 또다시 위기를 겪지 않고, 흔들리지 않기 위해서는 학부모의 역할도 더욱 중요해질 것입니다. 학교가 학부모들을 위해 할 수 있는 일은 무엇일까요?

 먼저 학교는 학부모들에게 학교의 문을 활짝 열고 보여주어야 합니다. 학교가 어떤 어려움을 겪고 있으며, 학교의 상황이 어떤 방향으로 흐르고 있는지 말해야 합니다. 학부모에게 학교는 내 아이의 배움과 삶을 책임지는 중요한 장소입니다. 학부모가 학교에 관심이 많은 이유도 학교가 내 아이가 배우고 살아가는 집과 같기 때문입니다. 그래서 궁금하고, 알고 싶고, 보고 싶은 겁니다.

지금까지는 학교에서 일어나는 일들이 비밀스럽게 갇혀 있었습니다. 또한 학교 밖에서는 학교가 겪고 있는 어려움을 잘 알지 못했어요. 하지만 적어도 교육의 세 주체인 학생, 학부모, 학교는 서로 지금 어떤 과정을 겪고 있으며, 어떤 판단을 하고 있고, 어떻게 나아갈 것인지 알아야 합니다. 그것을 아는 것이 아이들에게는 배움이고, 학부모에게는 참여입니다. '학교가 그런 부분까지 설명해야 하는 건가'라는 입장에서 '학교는 이것까지도 말해주어야 한다'로 바뀌어야 합니다.

두 번째로 학교는 학부모의 의견을 더 많이, 더 자주 들어야 합니다. 학부모의 목소리를 들을 수 있는 다양한 채널과 공간을 조성하고, 정기적으로 의견을 나눌 수 있는 장을 만들어야 합니다. 학부모의 목소리를 듣는다고 해서, 그것이 곧 불만이나 민원을 뜻하지는 않습니다. 또, 학부모의 의견을 듣는다고 해서 무조건 모든 의견을 수용하고 받아들이거나 휘둘린다는 의미도 아닙니다. 학부모의 목소리가 민원의 형태로 학교를 흔드는 것은 학부모의 다양한 이야기가 모이지 못하고 각각 따로 흩어져 움직이기 때문입니다. 학부모들이 의견을 모으고 그것이 학교의 이야기와 섞인다면 학교에 반드시 필요한 형태로 나타납니다.

학부모의 목소리는 다양한 색깔을 가진 교육의 한 조각이며, 이것을 모아 교사와 함께 전체 그림을 만들어가는 것이 교육과정입니다. 그래서 교육과정을 만들고 운영하는 과정에서 학부모의 의견을 듣고 반영하는 과정이 반드시 필요합니다.

이번 코로나19 상황에서 교육의 정책과 방향은 학부모에 의해 움직였다고 해도 과언이 아닙니다. 학교가 바라보고 있는 교육부의 지침은 결국 학부모의 목소리였고, 학부모들을 대상으로 하는 설문조사 결과는 학교의 판단을 좌우했으며, 학부모 민원을 방지하는 것이 학교 운영의 목표가 되었습니다. 학부모와의 소통이 부족했던 학교는 풍선 효과처럼 다른 곳, 다른 많은 것에서 학부모의 영향을 받아야 했어요. 교사와 학부모가 친밀하게 소통하며 꾸려가는 학교라면 이런 위기에서도 흔들림 없이 앞으로 나아갈 수 있습니다. 다른 눈치 보지 않고 아이들만 바라보는 학교 교육이 가능합니다.

마지막으로 학교는 학부모를 가르치는 역할도 담당해야 합니다. 지금까지는 학교가 학생들만을 위한 배움터에 머물렀습니다. 하지만 앞으로는 학생뿐만 아니라 학부모에게도 배움의 장이 되어야 합니다. 온라인 수업이 시작되자 가정은 교실이 되었고, 학부모들은 미디어를 활용하는 방법, 아이들의 생활과 학습을 관리하는 방법, 교과서의 종류 등 많은 것을 다시 배워야만 했습니다.

우리 모두 필요에 따라 평생을 배우며 살아가야 합니다. 교사는 자신에게 부족한 부분을 끊임없이 채워나가야 하고, 부모 역시 가정의 교육자이자 학교 교육의 주체로서 학교의 교육과정에 대해 관심을 가지고, 세상과 교육을 보는 안목을 갖춰야 합니다. 자녀는 부모에게서 가장 많은 것을 배우기 때문입니다.

우리는 부모가 되는 방법을 배우지 못한 채 부모가 되고, 학부모가 됩니다. 그래서 국가가 다음 세대를 건강하게 키우기 위해 힘써야 하는 것 중에는 부모인 지금 세대를 교육하는 일도 포함되어야 합니다. 시대의 변화에 따라 점점 커지는 부모의 역할, 목소리의 무게만큼 학부모들도 더 많은 교육적 지식과 안목을 갖추어야 합니다. 그래서 학부모는 단지 학생의 부모가 아니라 배우는 부모로서 학學부모가 되어야 합니다. 학교는 그런 배움을 제공하기에 가장 적합한 곳입니다.

학교는 아이들을 지키고 보호하는 마지막 보루입니다. 교육의 방법이 점점 다원화되고 다양해질수록 오히려 학교는 교육의 본질로 시선을 둬야 합니다. 교육의 본질은 바로 우리 아이들의 삶입니다. 아이들의 삶을 온전히 들여다보고 가르치려면 교사와 학부모가 함께해야 합니다.

우리 모두 코로나19라는 위기를 겪었습니다. 하지만 위기를 통해 숨어 있던 본질이 드러나고, 비로소 문제를 해결할 수 있는 힘이 생깁니다. 어쩌면 지금 이 순간이 지난 시간을 돌아보고 새로운 기회를 잡을 수 있는 적기일 수도 있습니다. 우리 모두 소통이 필요하다는 사실을 깨달았고, 서로의 무게도 다시금 느꼈습니다. 학교도 학부모도 이제는 혼자 걷지 말고, 함께 걸어가야 합니다.

지금까지는 학교에서 일어나는 일들이

비밀스럽게 갇혀 있었습니다.

또한 학교 밖에서는 학교가 겪고 있는

어려움을 잘 알지 못했어요.

하지만 교육의 세 주체인 학생, 학부모, 학교는

서로 지금 어떤 과정을 겪고 있으며,

어떤 판단을 하고 있고,

어떻게 나아갈 것인지 알아야 합니다.

그것을 아는 것이 아이들에게는 배움이고,

학부모에게는 참여입니다.

학부모가 묻고 선생님이 답하다
Q&A

Q 저희 부부는 맞벌이 부모이다 보니 아이의 온라인 수업을 잘 도와주지 못합니다. 맞벌이 부부라도 어떻게든 아이를 잘 도와주는 분도 있겠지만, 저희에게는 쉽지 않은 일입니다. 아이가 온라인 수업에 빠질 때도 있고, 수업에 성실히 참여하지도 못합니다. 이런 경우 제가 선생님께 먼저 연락을 드리고 아이의 상황에 대해 설명하는 것이 좋을까요? 혹여라도 선생님이 학부모의 연락을 좋아하지 않을지도 모른다는 생각도 들어요. 선생님과 소통하는 것이 학부모의 입장에서는 참 어렵습니다.

A 교사가 아이의 상황을 잘 파악하려면 학부모의 정보 제공이 반드시 필요합니다. 하지만 교사의 성향에 따라 학부모와의 소통 빈도나 방식에 있어 차이가 있을 수 있습니다. 어떤 교사는 학부모와의 적극적인 소통이 아이를 교육하는 데 꼭 필요하다고 생각하지만, 교사는 아이를 가르치는 사람일 뿐 학부모와 관계를 맺을 필요는 없다고 생각하는 선생님도 있습니다.

학부모의 입장에서 다소 어려울 수 있겠지만, 일단 교사의 성향을 잘 파악해서 대처하는 것이 좋습니다. 학기 초 교사의 소개가 담긴 인사글이나 안내문, 학부모 상담 등을 통해 담임교사가 어떤 분인지 조금씩 파악해보세요.

교사가 아이에 대해 적극적으로 듣기를 원하는 분이라면 전화나 문자, 학부모 밴드 등을 통해 소통을 시도해보세요. 하지만 교사가 학부모와의 소통을 어려워하거나 소극적인 분이라면 학기 초 온라인 학습 상황에 대한 조사가 있을 때나 학교에서 진행되는 설문 등의 기회를 통해 아이의 상황을 전달하는 방법이 좋습니다.

담임교사와 상담해야 하는 일이 생겼다면 먼저 상담을 요청하는 메시지를 보내고, 상담 시간을 정하면 됩니다. 선생님들은 오후 3시부터 4시 사이가 비교적 바쁘지 않은 시간이니 이때를 이용하면 좋겠지요.

아이가 수업에 성실하게 참여하지 못하거나 부모의 부재로 어려움이 있다고 판단되면 교사는 아이와 먼저 이야기를 나누고 직접 문제 상황을 해결하기 위해 노력할 것입니다. 그런데도 상황이 개선되지 않으면 학부모에게 연락하게 됩니다. 학부모만큼 교사도 학부모를 어려워하고, 교사도 학부모와 좋은 관계를 유지하기 위해 노력합니다. 학부모와의 관계가 매끄럽지 못할 경우 자칫 아이에 대해 선입견을 갖게 될까 걱정하기도 합니다. 이 점은 학부모도 마찬가지일 것입니다.

학부모와 교사가 서로를 배려하고 예의를 지키는 것이 아이를 위해 가장 좋다고 생각합니다. 교사 개인의 성향을 떠나 학교가 가정과 소통하지 못하면 아이에게 줄 수 있는 배움은 제한적일 수밖에 없습니다. 따라서 교사와 학부모는 반드시 소통해야 합니다.

PART 7

함께 준비해야 할
학교의 미래

코로나19로 인해 많은 것이 달라졌습니다. 그동안 일반적인 상식이라 생각했던 것들이 무너지고, 사회 전반에 역동적인 변화가 일어나고 있습니다. 코로나19로 인해 여전히 힘든 시간을 보내고 있지만, 우리의 교육에 대해 다시 생각해볼 수 있는 기회를 얻기도 했습니다. 포스트 코로나 시대에 각자의 자리에서 준비해야 할 것은 무엇일까요? 정부와 교육부, 학교, 교사, 학부모가 준비해야 할 것은 무엇인지, 새로운 시대에 맞춰 우리 교육이 주목해야 할 가치는 무엇인지에 대해 이야기를 나눠보고자 합니다.

정휘범 선생님

어릴 적 뒷산에서 뛰어놀아 까맣게 된 손으로 좋아하던 책을 한껏 읽으며 자랐습니다. 25세에 교사가 되어 수업을 할 만하면 터지는 학생들의 문제, 그 문제를 해결하다 보면 쌓여가는 업무, 공문 처리에 밀려 뒷전이 되는 수업의 소용돌이에서 숨 막히는 초임 시절을 보냈습니다. 설익은 열정으로 아이들과 부대끼며 교직 생활을 이어오다 진짜 가르침이 무엇인지 찾기 시작했습니다. 문득 다른 교사들은 수업을 어떻게 준비하나 궁금해졌고, 교직 9년 만에 교사공동체를 삶으로 경험하기 시작했습니다. 교육실천이음연구소의 연구원으로 연구의 결과를 글로 쓰고 있으며, 서울 증산초등학교 교사로, 같은 학교의 교사들과 교사공동체의 다음 걸음에 대해 고민하고 있습니다.

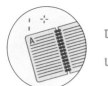

다시 용기를
내야 할 때

우리나라에서 코로나19 바이러스가 처음 발견되었던 2020년 1월부터 지금까지, 지난 1년여를 돌아보면 총성 없는 기나긴 전쟁을 치른 느낌입니다. 낯설고 힘든 상황에서도 학교, 교사, 학생, 학부모는 각자의 위치에서 고군분투했어요.

2019년 12월 중국 우한에서 코로나19 바이러스가 최초로 보고된 이후 전 세계에서 확진자가 나오기 시작했어요. 확진자가 계속 늘어나면서 세계보건기구WHO는 2020년 3월 11일 팬데믹을 선포했습니다. 학교는 개학을 연기하고 나서 온라인 개학을 했고, 감염자가 발생하는 상황에 따라 2주 단위로 등교 수업과 온라인 수업을 병행했어요. 지난 한 해 동안 직장, 학교, 가

징 등 사회의 모든 영역에서 총체적 난국을 겪었습니다. 한 해를 힘겹게 버텨온 서로를 향해 따스한 마음을 담아 위로의 말을 건넬 수 있었으면 좋겠어요. "수고했습니다. 고맙습니다. 내가 이렇게 오늘을 지낼 수 있는 것은 모두 당신 덕분입니다."라고 말입니다.

학교에서 마음껏 뛰어놀 수 없고, 친구와 매일 만날 수 없는 상황을 잘 견뎌내고 있는 우리 아이들에게도 고생했다고, 너무 대견하다고 말해주고 싶어요.

2021년 새해를 맞았지만 여전히 마음이 무겁습니다. 코로나19 백신과 치료제가 곧 사용 승인을 받는다는 희망찬 뉴스가 있는 반면, 더 강력한 변종 바이러스가 발견되었다는 암울한 뉴스도 들려옵니다. 생각해보면 인류의 역사는 늘 도전과 응전의 연속이었어요. 여전히 힘든 상황이지만 찬찬히 지난 한 해를 돌아보며 다시 시작하는 용기를 냈으면 좋겠습니다.

코로나19로 인해 많은 것이 달라졌고, 우리는 여전히 불안하고 불안정한 시간을 보내고 있어요. 우리가 이 시점에서 되짚어봐야 할 게 있다면요?

저는 두 가지 질문을 던지고 싶어요. 첫 번째는 코로나19 바이러스가 왜 발생했는가입니다. 아직 정확한 원인이 밝

혀지지는 않았지만, 많은 전문가들이 인간의 욕심이 근본적인 원인
이라고 지적합니다. 무분별한 탄소 사용으로 인한 기후 위기로 동식
물의 서식지가 줄어들면서 동물과 인간 간에 불필요한 접촉이 늘어
난 것과 관계가 있다는 겁니다. 그렇다면 인류는 앞으로 이 문제를
어떻게 해결할 것인지에 대한 방향을 다시 설정해야 합니다. 적어도
다음 세대에게는 건강하고 안전한 환경의 지구를 물려줄 수 있는 방
법을 찾아야 합니다.

두 번째는 교육의 본질이 무엇인가입니다. 학교는 배움과 성취의
공간이기도 하지만 아이들이 선생님, 친구들과의 관계를 통해 성장
해나가는 삶의 터전이기도 해요. 아이들이 학교에 가지 못하는 동안
우리는 이 사실을 더욱 절실히 깨달았어요. 아이들에게 무엇보다 중
요한 것은 서로 관계를 맺으며 경험을 쌓아가고, 그 결과를 함께 누
리는 공동체의 삶이었습니다. 공동체의 경험은 혼자서는 절대 얻을
수도, 배울 수도 없어요. 아이들에게 필요한 것은 서로 반응하고, 환
호하고, 돕고, 경쟁하면서 함께 성장하고, 결과를 책임지는 과정입
니다. 또한 교육의 본질은 공동체의 경험을 통해 더 인간다운 삶을
영위할 수 있도록 개인과 사회를 변화시키는 것입니다.

Q

우리가 다시 일상을 되찾았을 때 잊지 말고 기억해야 할 것은 무엇
일까요? 코로나19로 선생님의 삶에서도 달라진 점이 있다면요?

저는 덜어내는 삶을 강조하고 싶어요. 팬데믹을 지나오며 깨달은 것이 있다면 '더 가지려 애쓰는 삶에서 나다움만 남기고 껍데기나 허울은 버리는 삶으로 전환해야 한다' 는 것입니다. 더 할수록 좋은 것이 아니라 덜할수록 가볍고 자유롭다는 것을 지난 한 해를 통해 느꼈어요. 소박하고 단순한 삶의 소중함을 조금 알게 되었다고 할까요. 지금까지 우리가 너무도 당연하게 누려온 모든 것이 결코 당연하지 않다는 것 또한 알게 되었어요. 지금까지는 무엇을 더 가질 것인가, 무엇을 더 할 것인가를 고민했다면, 이제는 무엇을 덜어낼 것인가, 무엇을 남길 것인가를 고민해야 한다고 생각합니다.

둘째, 공동체의 삶을 이야기하고 싶어요. 이번 팬데믹을 겪으면서 인류는 전 지구적으로 연결되어 있다는 것을 새삼 깨달았어요. 사람과 사람만 연결된 것이 아니라 우리를 둘러싼 자연과도 연결되어 있어요. 팬데믹은 우리에게 효율성만 생각하는 삶이 아닌, 지속가능성과 적정성을 함께 고민하는 삶에 대해 다시 생각해볼 기회를 주었습니다.

마지막으로, 타인을 향한 따뜻한 시선을 강조하고 싶어요. 고통스러운 시간을 보내는 사람들에게 타인의 따뜻한 시선과 말은 큰 위로와 힘이 됩니다. 우리는 저마다의 자리에서 코로나19를 겪어내고 있어요. 학부모와 교사는 따뜻한 시선으로 자녀와 학생을 관찰하고 안내하고 기다려야 합니다. 아이들이 아이답게 걱정하지 않고 질문하고 놀 수 있도록 말입니다.

포스트 코로나 시대,
각자의 자리에서 준비할 것

사회 각계에서 코로나19가 끝나도 이전과 같은 일상으로 돌아가지는 못할 거라고 예상하고 있어요. 교육부에서는 코로나19 이후에도 온라인 교육을 유지하거나 확대하겠다고 발표했습니다. 그렇다면 학교, 교사, 학부모가 각자의 자리에서 준비해야 하는 것이 있을 텐데요. 먼저 정부와 교육부 차원에서는 어떤 준비를 해야 할까요?

우리 사회의 다양한 분야에서 비포Before 코로나, 위드With 코로나, 포스트Post 코로나를 진단하고, 앞으로의 변화에 대비하는 연구와 움직임이 활발하게 이루어져야 할 것입니다. 교육 분야에서도 마찬가지입니다. 정부와 교육부 차원에서는 크게 두 가지를 준비해야 할 것으로 보여요. 먼저 지금의 교육제도를 포스트 코로나 시대의 새로운 기준에 맞춰 재정비하는 것입니다. 교육과정의 융통성, 평가의 유연성을 바탕으로 학교가 온라인 교육을 좀 더 효율적으로 이어나갈 수 있는 방향을 찾을 수 있기를 바랍니다.

두 번째는 학교가 온라인 교육을 원활하게 진행할 수 있도록 적절한 인프라를 지원하는 것입니다. 무선 인터넷 활성화, 낮은 사양의 컴퓨터 교체, 오디오 및 비디오 자료 지원 등입니다. 이전부터 추진했던 스마트 교실*이 앞당겨질 수 있도록 예산과 운영에 대한 지원도 필요할 것으로 생각됩니다. 교육청이나 시도 단위별 온라인 학습 플랫폼 구축을 위한 서버의 지원도 정부에서 해야 할 일로 보입니다.

그렇다면 학교와 교사는 어떤 준비를 해야 하나요?

학교는 학생들 간의 온라인 학습 격차가 일어나지 않도록 노력해야 합니다. 먼저 지금까지의 온라인 학습 실태를 조사하고, 이를 바탕으로 온라인 학습 취약계층에 대한

* 스마트 교실Smart Classroom 스마트 패드, 스마트폰, 전자칠판 등 스마트 장치를 사용할 수 있는 환경을 조성해서 수업에 활용하는 형태의 교실. 시간과 공간의 제약 없이 스마트 장치를 활용하는 교육 방식으로 스마트 교육이라 부르기도 한다.

적절한 지원이 이루어져야 해요. 또, 온라인 수업과 관련한 연수를 지원하고, 또한 학교에 적합한 온라인 학습 플랫폼을 구축해야 합니다. 학교에서는 그동안 교실 중심으로 이루어졌던 학급 운영 방식에 변화가 일어나야 할 것으로 생각됩니다. 교사들이 학년별 혹은 영역별 협업을 통해 온라인 학습을 발전시켜나갈 수 있는 환경을 조성해야 합니다.

저를 비롯한 교사들 입장에서는 수업 설계에 대한 사고의 전환이 필요하지 않나 생각합니다. 온라인 학습 상황에서도 교수-학습-평가가 연결될 수 있도록요. 오프라인 교실에서는 교수-학습-평가가 같은 시간과 공간 안에서 일어납니다. 하지만 온라인 학습 상황에서는 교사의 수업 콘텐츠가 올라가는 시점을 수업이라고 하면, 학생이 수업에 참여하는 순간 학습이 일어납니다. 학생의 학습을 확인하고 평가하는 피드백 과정이 없으면 교사는 학생의 학습이 일어났는지 알기 어려워요. 따라서 온라인 학습 상황에서도 학생의 학습을 확인한 후 피드백을 통해 수업이 마무리된다는 것을 생각해야 합니다.

마지막으로 학부모가 준비해야 할 것은 무엇일까요?

 학부모가 준비해야 할 첫 번째는 가정이 교실이 될 수 있도록 자녀들에게 적합한 학습 환경을 만들어주는 것입니다. 자녀가 생활하는 공간이 일정한 시간 동안은 교실로 바뀌어야 한다는 것을 이해할 수 있도록 물리적인 환경의 변화를 시도하면 좋을 것 같아요. 하지만 상황이 여의치 않다면 수업 시간에 대한 경계를 확실히 지어주어야 합니다. 늦잠을 자다 일어나서 바로 컴퓨터 앞에 앉아 수업하는 것이 아니라 일찍 일어나 수업 준비를 마친 상태에서 컴퓨터 앞에 앉게 하고, 수업에 필요한 준비물을 미리 준비해두는 것 등입니다. 아이들은 집에 있지만, 수업이 시작되면 가정이 교실로 바뀌어야 한다는 것을 충분히 인식시켜야 합니다.

두 번째는 부모가 협력 교사의 역할까지 담당할 수 있는 마음가짐입니다. 맞벌이 환경이라 부모가 집에 없더라도 자녀가 정해진 시간에 수업에 참여할 수 있도록 안내하고 격려할 수 있어야 합니다. 쪽지나 메모, 예약 문자나 전화 등 다양한 방법으로 자녀가 수업 시간을 지킬 수 있도록 도와야 합니다. 부모가 자녀에게 전달하는 메시지가 담임선생님의 메시지와 같아야 자녀의 학습과 생활 지도에 일관성을 부여할 수 있기 때문입니다.

코로나19로 인해 교육이 일어나는 시공간이 확대되었어요. 교육을 주된 역할로 하던 학교가 보육의 기능도 일부 담당하는 것처럼 보육을 주된 역할로 하던 가정이 이제 교육의 역할도 담당해야 합니다. 물론 가정에서 이 역할을 잘 수행하기 위해서는 교육부, 학교, 교사의 적절한 지원이 뒷받침되어야 할 것입니다.

힘겨워하는
교사들을 위한 제안

 Q

우리가 막연히 먼 미래의 모습이라고만 생각했던 비대면 수업 방식이 코로나19로 인해 일상으로 들어왔어요. 교사들은 가장 먼저 변화의 중심에 서서 새로운 수업 방식에 적응해나가야 했어요. 이 과정에서 교사들은 큰 어려움을 겪었어요. 힘들어하는 선생님들을 위해하고 싶은 말씀이 있다면요?

 교사들이 자발적으로 모여 교육적인 담론을 나누고 연구활동을 하는 '교사학습공동체'가 어려움을 겪고 있는 교사들에게 도움이 될 거라고 생각합니다. 제 경험을 바탕으로 이야기해볼게요. 새 학기가 시작되기 전, 코로나19가 막 심해지려던 때였습니다. 보통 학년말 방학에는 많은 선생님이 휴식을 취하며 새 학기를 기다립니다. 그런데 제가 활동하는 학습공동체 교사들은 "3월에 새 학기를 준비하지 말고, 우리끼리 개학 준비 연수를 자율적으로 해보자."며 마음을 모았어요. 며칠 동안 몇 시간씩 연수를 할지, 어떤 내용으로 모일지 함께 계획을 세웠습니다.

각자 관심사에 대한 3분 스피치도 하고, 새 학기의 학급 운영 계획을 세워 공유하며, 교육과정 재구성을 계획해서 피드백도 주고받았어요. 6학년을 맡은 두 분 선생님은 공동의 교육과정 재구성에 대한 계획을 세우기도 했어요. 교사의 성장을 일으키는 동기는 다양합니다. 어떤 분은 수업에 대한 실질적인 노하우를 배우며 노련함이 쌓이고, 또 어떤 분은 방법적인 면은 개인적으로 해결할 수 있지만, 교육에 대한 철학의 재정립을 필요로 하기도 해요.

교사들의 모임에서도 다양한 스타일의 교사들이 존재합니다. 학습공동체를 장기적으로 이어나가면 교사들의 다양한 성향을 고려해 교육과 관련한 여러 주제를 균형 있게 다룰 수 있어요. 모임에 함께하는 교사들도 '여기에서 내가 배우고 얻을 것이 있구나'라고 느낍니다. 또한 상황에 따라 개별적, 구체적으로 서로서로 도울 수 있어요. 대표적인 경우가 수업 장학*입니다. 예전에 한 선생님의 수업 장학을 도운 적이 있어요. 장학 대상인 세 분의 선생님은 대부분 형식적인 멘토링이나 일회성의 사전 협의회만 경험하셨더군요.

* 수업 장학 교사들의 역량을 강화하기 위해 수업을 공개하고 이에 대해 협의하는 활동. 각 학교에서 매년 몇 차례씩 정기적으로 이루어진다. 학교 관리자, 동료 교사 등 공개 대상에 따라 여러 종류의 수업 장학이 있다.

좀 더 의미 있는 장학을 진행하기 위해 4주 과정으로 커리큘럼을 운영했어요. 첫 주는 교육철학을 세우고, 둘째 주는 교육과정을 함께 들여다보며 적절한 단원과 차시를 선택했습니다. 셋째 주는 세 분이 초안으로 구성해온 수업의 흐름을 함께 구체화하고, 넷째 주는 공개 수업의 흐름을 살펴봤어요. 그 과정에서 모임에 참여하는 선생님들의 조언을 더하고 수업 참관 요소를 함께 찾았습니다. 이렇게 교사를 실질적으로 돕는 일련의 과정이 교사의 성장으로 이어진다고 생각합니다.

Q

팬데믹 상황에서 교사학습공동체는 어떤 역할을 담당할 수 있다고 생각하나요?

팬데믹이 장기화되면서 교사공동체가 할 수 있는 역할이 더 커졌다고 생각합니다. 교사들이 서로에게서 발휘하는 영향력은 현실적인 방법론과 심리적인 면 두 가지로 구분된다고 봅니다. 일단 온라인 수업을 어떻게 해야 할지, 어떤 프로그램과 플랫폼을 써야 할지, 학부모를 어떻게 대하면 좋은지 등 현실적으로 당장 해결해야 하는 문제에 대한 해법을 주고받아요.

온라인 수업 초반에는 E-학습터에 문제가 많았어요. 일례로 영상의 용량이 너무 크면 업로드가 되지 않는데, 한 선생님이 카톡으로 한번 파일을 보냈다 다시 다운받으면 용량이나 해상도가 적정 크기로 조절된다는 노하우를 알려줬어요. 어떤 선생님은 윈도 화면 녹화를 하는 단축키와 이를 설명한 링크도 공유해주었어요.

심리적인 면에서는 서로의 흔들리는 마음을 지지해줄 수 있어요. 온라인 수업 초기에는 안타깝게도 적지 않은 교사들이 자신이 편하고 온라인 수업 상황을 힘들이지 않고 지나갈 수 있는 방법을 찾는 것처럼 보이기도 했어요. 학생 중심이라기보다는 교사 중심, 행정 중심적으로 기울어지는 경향이 있었어요. 그런 상황에서 어떤 것이 교육적인지, 아닌지 가치 판단을 할 수 있도록 교사들이 함께 균형을 잡는 역할을 해줍니다. 이전에는 모임의 대화가 대부분 서로가 겪는 어려움에 대해 공감하고 격려하는 것이었다면, 코로나19 이후에는 완전히 달라졌어요. 모임에 참여하는 교사들이 서로 듣기 불편한 이야기도 곧잘 하게 되었어요. 그로 인해 수업에 실질적인 변화가 일어나기도 합니다. 여러 가지 상황으로 인해 실천으로 이어지지는 못할지라도 교사들이 교육적인 것과 비교육적인 것을 분별하고 그 이유를 인식하는 것만으로도 충분한 가치가 있다고 생각합니다.

Q

우리 사회는 팬데믹과 더불어 정치, 경제, 교육 전반에서 역동적인 변화를 경험하고 있어요. 우리 교육이 발전해나가는 과정에서 교사 학습공동체는 어떤 기능을 담당할 수 있을까요?

일본의 고베여학원대학 명예교수인 우치다 타츠루 교수는 2014년 한국의 강연에서 '교사단'이라는 개념을 언급했어요. 교육은 모든 교사가 시대와 지역을 넘어 서로 역할을 교대하며 집단으로서 행하는 활동이라는 의미입니다.

가르침은 교사 개인의 몫이 아닙니다. 교육은 전체 교사가 집단으로 행하는 활동입니다. 한 학생이 처음 초등학교에 입학해서 고등학교를 졸업할 때까지 대략 12명의 담임교사를 만납니다. 담임교사 외의 교사까지 생각하면 수십 명의 교사에게 가르침을 받고 성장하는 셈입니다. 학생들이 교사 집단에게 받는 영향이 교육이기 때문에 교사들이 유의미한 공동체를 형성하고, 올바른 교육적 방향을 모색하며, 건강한 교육 담론을 형성하는 것은 매우 중요합니다.

정치나 경제 분야에서는 시의성이 중요한 요소로 작용해요. 정치권에서는 검찰 개혁과 같은 시기에 맞는 과업에 집중하기도 하고, 경제계에서는 경제 성장률과 같은 수치가 중시됩니다. 이러한 이슈는 정권과 경제 상황에 따라 그 방향이 달라지기도 해요. 그러나 교육은 일관성이 더 중요하다고 생각합니다. 한 사회의 교육은 긴 안목으로 이루어져야 합니다. 교육 영역에 있어 시의성보다 일관성에 초점을 두려면, 그에 관한 담론 또한 본질적이고 철학적이어야겠죠. 말하자면 인간됨이란 무엇인가, 학생의 성장은 어떻게 정의할 수 있는가, 우리 아이들에게 어떤 가치를 가르칠 것인가 등의 인문학적 담론이 필요합니다.

이러한 논의를 중심에 두고 시대적인 상황을 함께 고려해야 합니다. 교사학습공동체는 이와 같은 교사들의 집단적 담론을 형성하고 심화시키는 주체가 될 수 있어요.

우리 사회가 교사들에게 갖는 기대의 본질은 무엇일까요? 모든 교사가 일정 정도의 교육 전문성과 직업 정신을 가지는 것 그리고 학생이 강남에 살든 섬마을에 살든 모두가 일정 수준 이상의 교육을 받는 것이 아닐까요? 이것이 가능해지기 위해서는 교사들이 서로를 끌어주고 당겨주어야 해요. 때로는 조금 앞에 선 교사가 다른 이들을 자극해야 합니다. 때로는 어긋난 방향으로 가는 이를 바로 잡아주고 함께 적절한 길을 찾아야 합니다.

이렇게 많은 교사들이 의미 있는 공동체를 형성해서 꾸준히 교육 전문성을 높여가는 것이 가장 효과적인 방법이라고 봅니다. 그런데 여기에는 중요한 전제가 있어요. 이런 움직임이 행정적인 강압이나 사회적 요구에 따라 수동적으로 행해지는 것이 아니라 교사들의 자율성에 기초해서 이뤄져야 한다는 것입니다. 그렇게 된다면 이 사회에서 교사가 갖게 되는 전문가적 위치나 권위가 매우 달라질 거라고 봅니다.

가르침은 교사 개인의 몫이 아닙니다.

교육은 전체 교사가 집단으로 행하는 활동입니다.

한 학생이 처음 초등학교에 입학해서

고등학교를 졸업하기까지

대략 12명의 담임교사를 만납니다.

담임교사 외의 교사까지 생각하면

수십 명의 교사에게 가르침을 받고 성장하는 셈입니다.

학생들이 교사 집단에게 받는 영향이 교육이기 때문에

교사들은 유의미한 공동체를 형성하고,

올바른 교육적 방향을 모색하며,

건강한 교육 담론을 형성해나가야 합니다.

선생님이 생각하는 좋은 공동체는 어떤 모습인가요? 공동체 활동을 해보고 싶은 교사가 있다면 무엇부터, 어떻게 시작하면 좋을까요?

좋은 공동체의 기준은 '할·만·하'를 하는 모임입니다. 요즘 말로 '할·많·하·않'이라고 하잖아요?' 할 말이 많지만 하지 않겠다'의 줄임말이죠. 좋은 공동체를 위해서는 거기서 마지막 글자를 뺀 '할·만·하'의 태도가 필요하다고 생각해요. '할 말이 많으면 하자'는 뜻이죠.

어떤 문제가 발생했을 때 교사들이 함께 그 원인을 점검하고 교사의 직업적 고민과 노력은 충분한지 자성의 목소리를 내는 교직 문화가 필요해요. 예를 들어, '팬데믹 기간 동안 이루어진 온라인 수업에서 교사가 올바른 방향으로 나아가고 있는가'라는 주제를 놓고 토론할 때, 만약 공동체에 함께 몸담은 교사들의 방향성이 적절하지 않다면 그 부분을 솔직하게 말할 수 있을까요? 이런 민감한 문제도 서로 이야기를 나눌 수 있는가, 그것이 좋은 공동체의 기준이라 생각합니다.

학교와 지역 교육청에 따라 좀 다르겠지만, 교사들 사이에는 여전히 교실주의가 있는 것 같습니다. 교사들끼리 이것까지 말하기 부담스럽다거나 이런 부분은 서로 건드리지 않는다는 암묵적인 선이 있다고 봐요. 할 말이 있으면 한다는 것은 그 선을 넘는 의도적인 노력의 상징적인 표현이라 할 수 있어요.

공동체를 시작하기 위한 첫발은 함께할 사람을 한 명 찾는 일입니다. 일단 첫발이 중요합니다. 두 명 이상 모여야 공동체가 만들어지니까요. 자신이 생각하는 모임과 그 모임이 갖는 의미에 대해 공감하는 사람을 찾는 것이 첫걸음이자, 어떻게 보면 전부라는 생각도 듭니다.

그리고 다른 선생님들의 교실을 자주 찾아가보세요. 교사의 일과는 참 바쁘게 돌아갑니다. 그 와중에도 다른 선생님의 교실을 틈틈이 찾아가 이런저런 이야기를 나눠보세요. 가볍게 몇몇 분들과 차 한잔하면서 이야기를 나눠보세요. 안 해도 되는 프로젝트 수업이나 교육 이야기도 해보세요. 꼭 해야 하는 과업이 아닌 일이 모여 공동체를 이루는 싹을 틔웁니다.

교육과정 개편에서
놓치지 말아야 할 것

Q

2022년에는 교육과정 개편이 있어요. 새로운 교육과정을 준비하는 교육부에 제안하고 싶은 것이 있다면요?

우리나라 교육과정은 국가가 개발하고 교사가 실행하는 체제입니다. 이러한 흐름을 바꾸고자 6차 교육과정(1992 ~1997) 때부터는 중앙집권형 교육과정에서 지방분권형 교육과정으로 패러다임의 전환이 이루어지고 있어요. 최근에는 교육과정에 대한 권한이 시도교육청과 학교, 그리고 교사에게로 조금씩 옮겨오고 있기도 해요.

하지만 연구·개발·보급(RDD, 교육부 책임으로 만들고 보급하는 방식)의 교육과정 운영 방식은 여전합니다. 국가 주도로 연구 개발된 교육 프로그램을 학교 현장에 보급하고, 학교는 그대로 학생들에게 가르치는 거죠. 정부가 세운 교육정책에 따라 전국의 모든 학교가 통일성 있게 움직일 수 있는 반면, 그로 인한 다양성의 훼손, 학교 운영의 경직성 등이 문제로 지적되기도 했어요.

그런데 이런 부분이 팬데믹을 겪으면서 분명하게 드러났다고 할 수 있어요. 코로나19의 1차 유행에서 학교 교육은 학교의 문을 닫는 것, 즉 휴업 말고는 다른 길을 찾지 못했어요. 교육목적을 수립하고, 내용을 선정하며 평가하는 방식까지 국가의 지시에 따라 움직이다 보니 위기 상황에서도 지침이 내려오기만을 기다렸던 것입니다. 위에서부터 내려오는(Top-down) 방식에서 학교가 스스로 결정을 내린다는 건 쉽지 않은 일입니다. 휴업 말고는 다른 대응을 할 수 없었던 것은 우리 교육이 그만큼 경직되어 있다는 증거라 할 수 있어요.

1차 유행과 달리 2, 3차 유행에서는 학교가 휴업으로 대응하지 않은 점에 주목할 필요가 있어요. 같은 상황이었지만 이때는 온라인 수업이라는 형태로 학교 수업이 이루어졌어요. 그 이유가 뭘까요? 학교가 자율적으로 움직였기 때문입니다. 교육부의 지침이 늦어지자 학교 구성원이 협의해서 결정하는 것이 유일한 대안이었어요. 물론 교육부가 좀 더 빨리 구체적이고 명확한 지침을 내놓았어야 했다는 비난의 목소리도 있었어요. 또 누군가에게는 그때의 상황이 교육부의 무능과 책임회피로 비칠지도 모릅니다.

설사 그렇다 해도 학교 구성원들의 자발적인 의사 결정으로 학교가 다시 움직이기 시작했다는 점을 놓쳐서는 안 됩니다. 위기 극복의 열쇠는 언제나 학교와 학부모 그리고 교사가 협력하는 과정에 있었습니다.

2022년 교육과정 개정에서는 교육과정에 대한 권한을 시도교육청이나 지역 교육청, 더 나아가 학교에 전면적으로 부여하고, 교육과정 운영의 자율권이 최대한 발휘되었으면 합니다. 학교 구성원들의 문제 해결 과정을 교육과정에 적극 반영한다면, 지역과 학교 기반의 교육과정 개발이 활발하게 일어날 것입니다. 교육과정에 학생, 학부모, 교사들의 의사결정과정을 담아낼 수 있어야 중앙 집권적인 교육과정이 가진 단점을 보완할 수 있어요.

팬데믹을 겪으면서 학교의 다양성과 자율성을 키워나가야 할 필요성이 훨씬 커졌다고 생각합니다. 현재 교육과정은 연간 34주 동안 이루어지는 등교수업을 전제로 하기 때문에 지금과 같은 재난 상황에는 맞지 않아요. 그런 점에서 앞으로 교육과정은 교육적으로 놓치지 말아야 할 것들 위주로 기준을 마련하되, 좀 더 유연하고 간소화한 구조를 만들 필요가 있어요. 그동안 교육과정의 구성과 개발 목적이 '최고의 대안'을 마련하는 것이었다면, 이제부터는 '최선의 대안'을 선택하는 것이 되어야 합니다.

정해진 무언가를 수행해내는 것에 가치를 두기보다 역동적인 상황에서 유연하게 대처하는 것에 가치를 둬야 합니다. 또한 학교 구성원의 의사결정이 존중받아야만 교육과정의 협력적 운영이 가능해질 것입니다.

팬데믹 이후 우리 교육이
주목해야 할 가치

코로나19는 우리에게 새로운 숙제를 남겼어요. 그동안 일반적인 상식이라 생각했던 것이 무너지고 다른 공간, 다른 내용, 다른 속도로 가르치는 것이 새로운 상식이 될 수도 있다는 겁니다. 그렇다면 팬데믹 이후 우리 교육이 주목해야 할 가치는 무엇이며, 아이들에게 어떤 가치에 대해 이야기하고 싶은가요?

코로나19로 인해 우리는 교육의 다양성, 개별성에 대해 다시 생각해보게 되었어요. 앞으로는 집단적 배움, 경쟁 중심의 교육이 아닌 학생 개개인의 삶의 속도에 맞는 다양한 형태의 교육이 이루어질 것입니다. 하지만 개별화된 교육 환경에서도 더욱 공고히 해야 하는 교육이 있어요. 바로 '공동체 교육'입니다. 코로나19로 인해 사람과 사람이 단절되고, 나라와 나라가 단절되었어요.

모두가 당연하게 생각했던 것들과의 단절도 경험했어요. 단절은 소외입니다. 그리고 소외는 고통을 동반합니다. 코로나19로 인해 사람과 사회가 연결되지 않는 삶이 주는 소외와 고통을 우리 모두 경험하고 있어요. 아이들은 함께할 친구가 없는 고통을 겪었어요. 가족과 가족이 만나지 못하는 고통을 겪었어요. 경제적 어려움이 있는 사람들은 더욱 큰 어려움 속에 놓이게 되었어요.

코로나19로 인한 단절은 사람과 사람이 함께하는 삶의 가치를 다시 인식하게 해주었습니다. 공동체 교육은 한 지역, 나라, 인종, 문화, 자연에 한정된 것이 아닌 전 지구적인 교육입니다. 코로나19로 인해 우리는 세계가 서로 연결되어 있음을 알게 되었어요. 한 나라에서 시작된 문제가 전 세계로 퍼져나가는 과정을 함께 지켜보았습니다. 지금까지 우리 교육은 한 개인과 한 국가의 성장에만 집중했어요. 어쩌면 한 개인, 한 나라의 성공은 다른 사람, 다른 국가의 희생을 통해 이루어졌다고도 볼 수도 있어요.

앞으로의 교육은 개인의 성공이 아닌 공동체의 성장이라는 관점에서 이루어져야 합니다. 사람은 좋은 공동체 속에서 안정감과 행복을 느낄 수 있어요. 교육을 통해 개인의 성장뿐 아니라 좋은 공동체를 만들어가는 방법을 배울 수 있기를 바랍니다. 코로나19 이후에는 교육에서 각자도생의 길이 아닌 함께 더불어 살아가는 길을 찾을 수 있었으면 합니다.

마치는 글

멈춰 있을 수만은 없었기에
우리가 해야 할 일을 했습니다

　코로나19로 인해 개학이 연기되고 온라인 수업이 계속되다 보니 학교는 열병에 걸린 아이처럼 시들어갑니다. 아이들 소리로 왁자지껄해야 할 운동장은 스산한 바람이 먼지를 몰아가고, 쉬는 시간이면 아이들이 삼삼오오 떼를 지어 있던 교실과 복도는 가끔씩 들려오는 빈 발자국 소리만 적막을 깨웁니다.

　개학은 했는데 교실에는 아이들이 없습니다. 6년의 시간을 마치고 졸업하는 아이들의 자리마저 편히 마련해주지 못했습니다. 아이들이 없는 교실을 지켰던 선생님들도 덩달아 시들어갑니다. 처음 경험한 교육 환경에서 가르침을 이어간다는 게 쉽지만은 않습니다.

　가정이라고 달랐을까요? 집에 갇혀 지내는 아이의 답답한 마음을 달래고 아이와 함께 놀아주는 일까지 오롯이 부모가 감당해야 할 몫이 되었습니다. 온라인 수업이 시작되어 막상 아이를 컴퓨터 앞에 앉혀 놓긴 했지만 부모로서 어떻게 자녀를 도와야 할지 막막했습니다. 아이들 또한 코로나19가 가져온 지루한 일상에 지쳐갔습니다. 생활 리듬은 흐트러졌고 열심히 배우려고 했지만 혼자 힘으로는 감당하기 어려웠습니다.

어렵고 힘든 시간이었지만 누군가 도와줄 힘이 남아 있다면 그것이 우리가 해야 할 일이라는 생각으로 서로를 격려하며 감염병에 대응했습니다. 개학도 하기 전에 얼굴도 모르는 반 아이들과 학부모들에게 전화를 걸어 관계를 맺었습니다. 아이들이 등교하면서부터는 방역의 최전선에 서기도 했습니다. 내가 잘 모르는 어려움에 처한 아이들이 있지는 않을까 하는 생각이 들 때마다 아이들과 소통할 수 있는 방법을 찾고자 했습니다.

원격으로 아이들을 만나면서부터는 최선을 다해 수업에 임했습니다. 아이들의 학습을 수시로 확인하며 부모님과도 소통하기 위해 노력했습니다. 이 상황에서 우리가 할 수 있는 최선은 무엇일까 스스로에게 물으며 우리가 해야 할 일을 하자고 결심했습니다. 이것만이 아이들을 사랑하는 길임을 알았기에 멈춰 있을 수만은 없었습니다. 그렇게 지나온 시간을 담담하게 글로 담아 책으로 엮었습니다.

마지막 글을 보내고 퇴근을 하려는데 세상이 눈보라 속에 잠겼습니다. 한 걸음씩 조심스럽게 내디디며 학교 밖 산책길에 들어서자 붉은 산수유 열매 위에 소담히 내려앉은 눈꽃이 보였습니다. 김종길 시인의 '성탄제'라는 시가 떠오릅니다. '아버지가 눈을 헤치고 따오신 붉은 산수유 열매, 눈 속에 따 오신 산수유 붉은 알알이 아직도

내 혈액 속에 녹아 흐르는 까닭인가'라는 시구 속 열병에 시름하는 아이가 꼭 우리 아이들을 떠오르게 합니다. 펜데믹이 끝나고 오늘을 추억할 즈음에 아이들의 혈액 속에 산수유 붉은 알알이 녹아 흐르듯 우리가 겪어왔던 그 시기에 누군가의 수고로움이 있었다는 것을 떠올릴 수 있을까요?

해열제를 찾기 위해 깊은 산속을 헤맸던 아버지의 서늘한 옷자락이 아이의 열을 내리게 했듯이 어려움을 풀어내기 위해 애쓴 선생님들의 노력이 학교와 가정에 작은 위로가 되기를 바라봅니다. 🌸

코로나 이후
학교의 미래

초판 1쇄 인쇄 2020년 1월 25일
초판 1쇄 발행 2020년 2월 4일

지은이 김재현 김종훈 류창기 배동건 송칠섭 이상수 정휘범
발행인 황혜정
책임편집 한지윤
디자인 ROOM 501
교정·교열 홍주연
제작 올인 P&B

펴낸곳 오브바이포 Of By For
전자우편 ofbyforbooks@naver.com
팩스 02-6455-9244
출판등록 2017년 9월 19일 제 25100-2017-000071호
ISBN 979-11-962055-5-3(13370)